suncolor

爸媽別急
孩子只是慢慢學

兒童腦神經學博士啟動天賦的祕密

兒童腦神經學博士・小兒神經科主治醫師
翁仕明——著

suncolor
三采文化

測測看，
孩子的學習困難在哪裡？

為了排解家長的困惑、釐清孩子的學習困難點，本書設計了檢測表，希望幫助家長辨識孩子可能卡關的地方。由此切入，找到適合的學習方式。

檢測結果僅供參考，無法取代專業醫師診斷。如需進一步資訊，建議可至醫療院所（小兒神經科或兒童心智科或復健科）進行檢測。

〔目錄〕

作者序　讓這本書成為「學習的六分儀」……10
編輯的話　為學習有困難的孩子而寫……14

第1章
大腦，天生愛學習

學習，是經驗的積累……22
觀察學習的四個關鍵……26
觀察學習關鍵❶　感知：帶動學習的感官刺激……34
觀察學習關鍵❷　記憶：留存大腦的三步驟……42
觀察學習關鍵❸　重現：按照自己的方式執行……48

觀察學習關鍵④ 動機：驅動學習的最大力量……50

第2章 學習，需要用對策略

找出學不好的真正原因……54
感知 「正向回饋」讓大腦再多學一點……60
記憶 促發孩子的想像與創意……66
重現 創造眼到手到心到的學習環境……73
重現 明白因果關係，孩子才學得進去……80
動機 促進學習的興奮感超重要……88
動機 好的規範＋內容拆解＝刺激學習動機……94
潛力比資優更重要……104

第3章

孩子還是學不會嗎？

一個簡單的字也寫不出來？可能是閱讀困難……114
寫字又亂又醜，就是改不了可能是書寫困難①……118
小孩也會「手眼不協調」？可能是書寫困難②……125
上學就頭痛、待教室就想睡可能是注意力集中困難……130
樣樣正常唯獨記性差可能是記憶固化困難……137
數字順序都會記錯？可能是程序記憶困難……142
看不懂時鐘是怎麼一回事？可能是數學困難……147
贏在起跑點卻一路退步？可能是知動覺困難……154
懂得彈琴卻不會讀書？可能是視知覺困難①……161

字都不會寫，以後怎麼辦？ 可能是 視知覺困難② …… 168
「左耳進、右耳出」是不夠專注嗎？ 可能是 聽知覺困難① …… 174
說話晚只是「大雞晚啼」？ 可能是 聽知覺困難② …… 180
撐不過半節課，大腦就當機 可能是 視聽知覺困難 …… 186
聽、說都OK，寫字就卡關 可能是 工作記憶困難 …… 193
成年後讀書反而記不住？ 可能是 睡眠不足造成記憶困難 …… 200
說話不流暢、拼音特別弱 可能是 言語困難① …… 206
剪了舌繫帶，還是大舌頭？ 可能是 言語困難② …… 213
自言自語，都沒在聽人說話 可能是 非語文學習困難① …… 219
看不懂圖案，符號越多越會錯意 可能是 非語文學習困難② …… 228
一耳聽不到也會影響視知覺？ 可能是 單側聽損 …… 234

第4章

我的孩子也是案例

沉著面對孩子的難題……242
我也會誤會、誤罵……246
協助孩子發揮想像力……250
學一樣東西至少要三個月……254
讓孩子理解一諾千金……258
學習之歷程方為核心……263
誠實總是最好的對策……267
助人與良善的心為本……270

附錄一　學習障礙的定義……274
附錄二　學習障礙、閱讀障礙、書寫障礙的區別……284
附錄三　特教生需要的鑑定安置……293

作者序

讓這本書成為「學習的六分儀」

兒童腦神經學博士
小兒神經科主治醫師　翁仕明

人非生而知之者，學習，可說是我們與地表其他物種間最明顯的差異。在這個AI起飛的年代，人類甚至開始訓練起「會學習」的機器，但平心而論，我們的學習可曾停歇？說起極端的例子，已知天命的我，綜觀人生竟僅六年脫離過學校。而這漫長的「學習之路」，是否都不曾迷茫？絕非如此。

遙想二〇一五年，我滿懷感恩的心，結束教育部公費留學之旅，再度回到台灣的懷抱。對我來說，在學如此久，縱使早非「純學生」，卻仍想請益恩師沈淵瑤大夫，未來該投入哪個領域或疾病，才更加實際？老師不假思索地告訴我，一位埔里的老友趙文崇大夫，已在「兒童學習與認知」領域奮鬥了數十載。既然我也「學習」了這麼久，何不嘗試解決「兒童學習的問題」？就這樣，我多了另一位兒童神經的導師，也從此一頭栽進學習困難與障礙的領域。

回首海內外的學習歷程中，最讓我感到印象深刻的，是遠在蘇格蘭的那段時光。不知道你對蘇格蘭有什麼印象？威士忌、風笛、還是蘇格蘭裙？你知道格拉斯哥的詹姆斯・瓦特（James Watt）和他的蒸汽機，或者是亞當・史密斯（Adam Smith）和他的經典著作《國富論》嗎？他們都是蘇格蘭人。蘇格蘭，又被稱為英國的創意之心，當我沉浸在那「昏迷指數」的發源地時，就曾聽過酒吧內的水手們與我分享大航海時代的故事。

在那沒有衛星GPS的年代，航海人如何能於茫茫大海中確知所處的方位？有沒有注意過電影《神鬼奇航》中，船長傑克・史派羅（Jack the Sparrow）總是酷酷地拿出望遠鏡？但若是掌舵，還會搭配另一個傢伙「六分儀」，這又是另一位蘇格蘭人約翰・坎伯爾（John Campbell）所改進發明的傑作。約翰・坎伯爾巧妙地運用了物理大師牛頓的原理，將反射稜鏡與望遠鏡等組裝在一個可測量角度的活動臂上，藉此推知任一天體與海平面的夾角。然後即能藉由推算得知經緯度。經緯度有多重要？試想當初荷蘭人發現美麗島嶼「福爾摩沙」時，若無法得知其經緯度，即使印尼爪哇的東印度公司再度指示，想重登這座島嶼，僅憑「航向東北方」，就能順利抵達目的地嗎？當然不可能！因此，約莫三百年前，六分儀的發明可說在大航海時代，點燃了眾多航海人手中的火炬，讓人類迎向探索世界的新紀元。

我自詡承襲蘇格蘭人的創意，看向「學習」那一望無際的汪洋，或許不是每個人都能悠遊其中，卻可藉由使用正確的工具，讓我們不「暈船」！你可曾見著某些迷航的孩子？他們常被誤以為「笨、不專心、愛搗蛋」，或許他們並非嚴重度較高的學習障礙者，學習過程中卻仍跌跌撞撞，導因可能即為大腦訊號的干擾。面對「障礙未滿」的孩子，只要再多一點點理解與幫助，或能讓他們發揮出原本具備的潛力，找到屬於他們自己的新大陸。

「別讓他們迷航」，正是本書最大的初衷，因為孩子的成功絕非來自成績，而是熱情不被澆熄，願意學、喜歡學、持續學。

於本書的創作歷程中，我腦海中不時浮現約翰・坎伯爾設計六分儀的影像。要如何運用最淺白的描述、最容易學會的工具與知識，帶著我們的師長、家長，甚至是學習者本身，徜徉在這片美好的學海，而不致迷失方向呢？真心希望這本書成為「學習的六分儀」，無論何時何地，都能拿出來比對，找出正確的經緯度，使學海中的旅人們，終能不畏懼任何波瀾，尋回學習的初衷！

編輯的話▼

為學習有困難的孩子而寫

從女兒第一次癲癇發作開始，我就從幸福天堂掉入地獄。曾經被算命仙說過，這孩子聰明絕頂，絕對是人中之鳳，結果卻在小學一年級時，進入諮商室拿到輕度智障的正式證明。心理師問我，要申請殘障手冊嗎？當場，如同五雷轟頂，不知如何回應。

為了孩子，我必須接受現實，才能找到幫助她的方式，直到遇見兒童腦神經博士翁仕明，他篤定地告訴我：「妳的孩子不是智障，只是需要不同的學習策略。」彷彿看見一絲曙光，跟著翁仕明博士了解「原來每個大腦不一樣」，只用「聰明」和「笨」的二元標準，等於關上了學習的大門，孩子將不再有成長的空間。

我們很幸運，遇上了願意用心的導師，入學時，面對這個聽不懂、學不會的小孩，老師煞費苦心卻事倍功半。然而，經過翁仕明博士的診斷，了解孩子的學習屬性後，老師改用不同策略給予教導。二年級期末考，女兒憑實力考到九十分以上，比起我們家長，老師甚至更加興奮，身處第一線的教育現場，看到學生的成長與轉變，相信是難以言喻的激勵。

這本書的誕生，正是為了學習有困難的孩子而寫。在診療室裡，知道了我的孩子不是特例，也看到許多孩子只要用對方法，就能大幅成長。經過這一番親身體驗，更是明白家長必須放下焦慮，才能給孩子帶來正面影響。

關於學習、關於困難、關於焦慮，讓我們一起進入翁仕明的診療室，聽聽博士怎麼說？

■ Q1 學習有困難的孩子，與智力障礙有何不同？

智能障礙是指智力發展低於標準，影響到日常生活及學習能力；學習障礙則是指在特定學科或能力上，如閱讀、寫作或數學，存在顯著困難。相比之下，學習障礙的判定更為複雜，因為每個人天生的學習能力本來就不同。一般人通常以「最落後的幾％」來判斷，但在實務上非常難定義，「差」的標準到底是什麼呢？只能用排除法逐一找原因。

由於判定困難、難以界定，學術界和臨床端往往陷入眾說紛云，社會大眾自然更不知道該如何關心。

Q2 在台灣，有多少孩子可能面臨學習困難呢？

早期的資料顯示，大約有3％的孩子屬於學習障礙，然而，這些案例通常是已經很嚴重了，才會被提出鑑定需求。

就我於兒童腦科學領域超過二十年的研究及大量臨床觀察，推估全台灣至少有6～10％的孩子面臨學習障礙問題。這意味著三十人的班級中，可能有二～三名的學生正經歷這類困擾，至於較為單純的「學習困難」可能又更多。

這些孩子外表看起來與其他孩子無異，但學習表現卻特別吃力，不僅僅在閱讀、寫作、數學等基本學科上遇到困難，甚至理解和記憶方面也表現不佳。

因為學習障礙或困難可能會影響孩子的自信心和社交能力，進而對整體發展產生負面影響。這也是為何家長及早發現、提供適當的支持，對孩子們來說非常重要。

■ Q3 學習困難的孩子越來越多了嗎？

你是否有印象，小時候身邊常有同學被罵「不專心、愛搗亂」？這些孩子可能正是學習困難兒，而非單純調皮不唸書。

學習困難不是新議題，也不像有些人說的「現代小孩問題特別多」，會被提出討論，其實代表現今的社會成熟了。

以美國為例，他們從八〇～九〇年代開始注意學習障礙與學習困難等問題，並認知到這些孩子是國力的隱藏資源，當孩子能被識別、引導，給予適性發展的機會，潛力一旦被開發，自能提升國家的整體競爭力。

要知道許多名人有學習障礙，例如湯姆．克魯斯、愛迪生，甚至有人傳言愛因斯坦也是，這代表遇到障礙並非死路一條，誰都有機會能成就自我。

Q4 學習困難可以被克服嗎？

學習困難沒有「特效藥」，如同每個人有不同的身高體型，人腦的適應方式也有所不同。但是對有困擾的孩子來說，如果能獲得適當的資源與支持，將可帶來顯著的改變。所謂的「支持」是什麼呢？

①臨床醫師：專業、正確的評估可以給予孩子信心。

②特教老師：為孩子制定個別化的教學計畫及輔導。

③家長：要有恆心、毅力，清楚思考自己可以為孩子做到什麼。

當然，孩子自己也要有韌性，如何增強孩子的韌性、找到適合的學習方式，在書中都有分享。

在這當中，家長的支持尤其重要，幫助孩子啟動學習之鑰，孩子才能找到自信和成就感。

■ Q5 能否分享您在診間看到的實際案例呢？

每個孩子的學習模式不同，有些孩子視覺能力強，有些聽覺好，但這都不影響孩子們作為完整個體的價值。臨床上，我曾遇過許多案例，他們可能在國中小成績不佳，但找到適合的學習渠道後，走上了理想的人生道路。

以我自家孩子為例，成績排名不佳，甚至曾被老師關心是否有「學習障礙」？我一聽到超驚訝，明明這是自己的專業，怎會沒發現孩子的問題。但藉由與孩子的相處，和他一起玩、講故事、討論議題……更從他主動學圍棋、學琴的過程，看到比「成績好」更重要的素質，也就不再過度擔憂。

診間，我常問家長：「你的孩子有什麼優點？」

曾有位媽媽說：「成績這麼差，我看不到他的未來。」

我追問：「一定有什麼特質是這個孩子獨有的？」

她擦了眼淚說：「他是個溫柔的孩子，很會照顧弟弟妹妹，這樣算嗎？」

我說：「個性善良、熱愛助人，不正是絕佳的醫護、幼教人才！」

學科只能代表一個階段，成績好並不保證人生完美。尤其在國中小階段，我想建議爸媽不要執著於成績，而是給孩子對的方式、找到他的學習屬性，把目標放在奠定生活的基礎。

Q6 身為家長，我該如何幫助孩子呢？

作為家長，我覺得最重要的一點，是尊重孩子的個體性，而非將自身期望強加於孩子身上。與其給孩子設定過多外在目標，不如幫助他們找到適合的學習方式，讓他們在自己的步調中成長，找到屬於自己的成功道路。

孩子不是能力差，只是需要方法，多點時間慢慢學；也不是孩子搞不懂，是我們大人還搞不懂孩子。

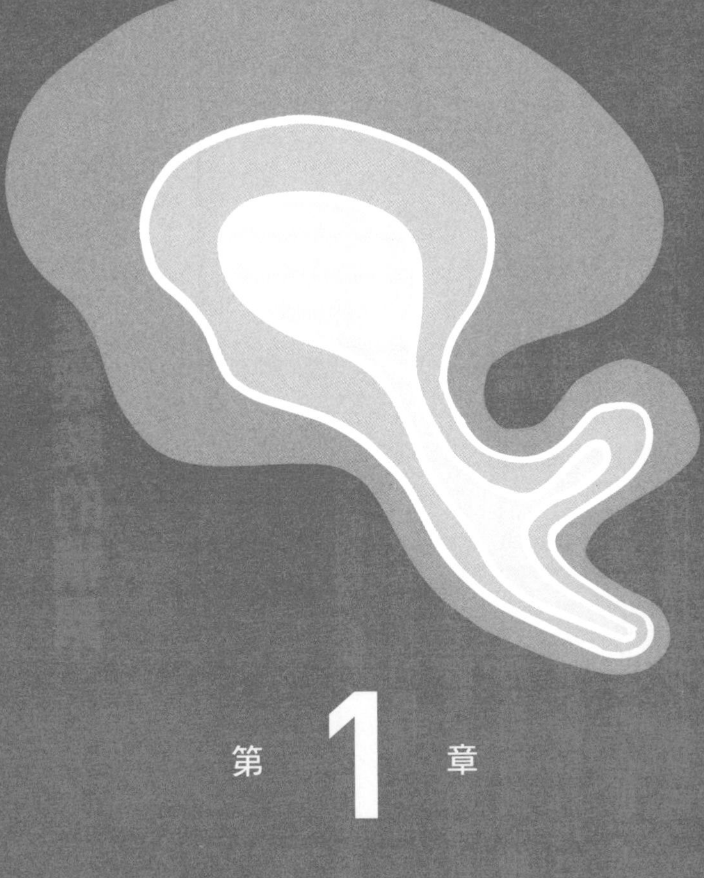

第 1 章

大腦，天生愛學習

我家小孩一要他學習、讀書就哇哇叫，

學習真的這麼難嗎？

其實，人類的大腦天生就喜歡刺激、熱愛學習，

只是你有找到方法嗎？

學習，是經驗的積累

在進入人類大腦關於學習的領域之前，讓我們先來思考：在演化的過程中，大腦是怎樣一步一腳印堆疊成為現在的模樣。

大腦發展的理論中，科學家注意到大腦與其他的器官相同，都留下了演化的痕跡——最早期的腦部，以兩棲類或是爬蟲類為例，牠們的主要核心就是原始的反射動作，脊髓還有腦幹因此扮演了舉足輕重的角色。

接下來，進入到哺乳類的發展過程，多數人都知道哺乳類主要是群居動物，有著固定的社群，也有如同情感抒發的互動模式，這時候最重要的腦部發展，科學家稱之為腦部的皮質下或邊緣系統。可能大家想得到的就是那些杏仁

■ 大腦的發展過程

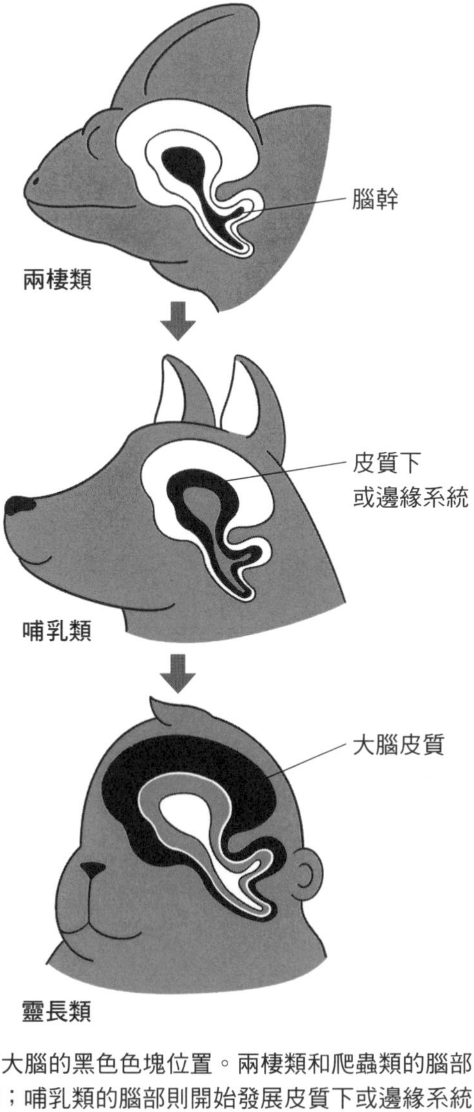

參考上面三張圖大腦的黑色色塊位置。兩棲類和爬蟲類的腦部，以脊髓和腦幹主導；哺乳類的腦部則開始發展皮質下或邊緣系統；至靈長類時就發展成以大腦皮質主導。完整發育的大腦，讓人類擁有好還可以更好的「學習歷程」。

核、海馬迴等構造，這些的確都跟情感、經驗或記憶等相關，本就是我們用來維繫社群的最重要功能。

慢慢地，迎來了人類的祖先——靈長類的時代。當人類祖先逐漸在叢林中站立起來，視野漸漸更開闊了，不再像以前一般，同時我們亦開始以大腦皮質為核心，有了更多想做的事。從這時開始，我們不但有了更複雜的社會化模式，更重要的是，我們有了可以累積、可以逐步成長、更可以精益求精的「學習歷程」。

你絕對不會懷疑，為何地球上的生物如此多，卻僅有人類扮演著主導的角色？那樣的力量來自於所謂的「知識」。而這樣的「知識」，必須藉由不斷地學習，方能傳承下去，一代接著一代，更加強大。所以，我們不僅是天選（天擇）之人，也是人選之人。在這個強力的演化篩選之下，我們都有了改變，我們都是擁有「愛學習的大腦」的後代，這一點絕對是無庸置疑的。

所謂的學習，指的是一種以經驗為基礎，在行為上形成持久性改變的歷程。舉例來說，二〇二三年的亞運，台灣競速滑輪選手在終點線反超韓國選手，在最後關鍵取得勝利，甚至需要慢動作的回放，才能確認誰贏。選手們把滑輪當成身體的一部分，猶如武俠小說中的「人劍合一」，這是怎樣達成的？

老實說，不難，就是不斷地反覆練習。藉由這個學習的經驗累積，逐漸形成一種行為上本質的改變，所謂「台上一分鐘、台下十年功」，就算結果再令你我驚奇，也不過是一步一腳印地學習而來。

觀察學習的四個關鍵

在這裡，先來提心理學理論大師班德拉，最著名的「觀察學習」理論。他將學習析分為四關鍵，分別是①感知、②保持、③重現、④動機。

關鍵① 感知（sensation-perception）

當你要學習一個新的行為時，因為可能缺乏相關經驗，因此需要藉由「觀察」的過程，方能領悟相關操作的細節。例如進健身房時，教練會說：「我先示範！」在教練示範時，我們要維持高度的專注力，因此，專注力是學習的主要核心指標。同時，專注地將感官輸入的感覺，成功轉換成腦部可以理解的步驟，就是所謂的「知覺處理」。感知，亦即將感覺轉換成知覺，無疑是學習第一個關鍵。

關鍵② 保持（retention）

顧名思義，就是把觀察學習到的操作流程，完完整整地保持在大腦資料庫，好比能回放的影片一般，才能夠不斷地複習，達到精熟的地步。在這一個階段會需要什麼能力呢？想當然耳必定是記憶力，假使你的記憶力不好，看了幾遍還是忘記，我想你的教練一定會不耐煩，跟你抗議：「到底要學幾次？」

關鍵③ 重現（reproduction）

所謂的重現是按照腦部所記憶下來的流程，利用自己的模式精準地完成操作，完成這步驟幾乎就快要成功了。

關鍵④ 動機（motivational）

學習的最後一個步驟就是所謂的動機。還記得以前大學時不是有學過所謂的第二外語？多數台灣的大學生，理應不會忘記曾學過的英文，但對於那些玩票性質的第二外語，例如日文、韓文，或是西班牙語、德語，等踏入職場後，如果再也沒有學習或應用的環境，這些學過的第二外語，甚至是發音，可能很快就還給老師們了！所以要徹底學會一項技能，動機也是很重要的，因此班德拉就把它列為學習四關鍵的最後一個項目。

之所以會特別提到觀察學習的理論，主要是想說明：學習是一個極度複雜的歷程，牽涉到大腦的眾多功能——專注力、記憶力、操作能力、語言能力甚或是情緒管控能力等，皆會影響到學習成效。這也就不難想像，為何坊間總有一大堆的補習班，告訴你：怎樣學 ×× 才最好！

■ 搖鈴實驗：聲音與生理反應連結的制約學習

最早與學習相關的古典心理學理論，就是帕夫洛夫（Ivan Pavlov）的搖鈴實驗。這個耳熟能詳的實驗，最主要是證實了「制約學習反應」。

帕夫洛夫將狗聞到食物後會流口水的生理反應，與食物上桌前就搖鈴提醒做相互連結，形成所謂的「制約學習」。也就是說，動物原本是因為食物而誘發生理上的流口水反應，不會因為搖鈴這種非食物的刺激而流口水。但是經由不斷地反覆學習後，狗聽到搖鈴的聲音就會覺得有東西可以吃，不知不覺就流下口水。除了搖鈴，帕夫洛夫還做了更多非關食物的前置刺激，一樣得到與搖鈴相同的反應，因此形成古典制約學習理論。

即便是在一、兩百年後的現今，帕夫洛夫的古典制約學習，依舊充斥在我們的生活之中。最常見的例子就是，很多大人帶小朋友（特別是小男生）上廁所時，都會不經意地吹口哨，這也是一種習慣性的問題。剛開始小朋友可能會不知道身邊的大人在幹麼，但只要每次尿尿時都聽到這樣的口哨暗示，不知不覺間就可能引發尿意，順利解尿了。

當然不止是這個，運動員在賽場上的直覺反應，也是透過不斷地練習，才能在面對瞬息萬變的競賽場合時，做出近乎是反射動作的反應，這些都能用帕夫洛夫的古典制約心理學理論來解釋。

■行為心理學：用日常需求達成訓練

現在，我們先來認識行為學派大師史金納博士（B.F. Skinner）的「行為心理學實驗」。

行為心理學派創始人華生博士（John Broadus Watson）曾說過一句名言：「給我一群孩子，我將訓練他們成為任何我希望他們成為的人。」這樣的口氣聽來狂妄，但其實也不難想像。想想在大家眼中感覺神祕的北韓運動員，他們從來不跟其他國家交流訓練方式，卻總能訓練出名不見經傳的選手，突然間就打破世界紀錄。難道是有華生博士在身後，把他們練成「希望成為的人」？

史金納博士因為受到華生這句名言的啟發，決定要好好驗證行為學派的構想，於是設計了一連串的小白鼠實驗，希望藉由實驗過程找出有機體的學習行為模式。一開始，史金納將老鼠放在籠子裡，籠子內部有根拉桿，每當老鼠碰觸到拉桿，就會觸發食物的給予。

結果發現，老鼠原本是不停地探索周遭環境，但在發現只要碰到拉桿，就能獲取食物時，漸漸地，牠就不再盲找了，而是利用拉桿來找食物——這便是一種學習的過程。史金納博士這派行為主義者認為，**驅使所有學習的動機，都是為了滿足基本需求，假使這種方式可以訓練動物，必定也能夠達到訓練人類的效果。**

在我們的日常生活中還有更多行為主義的應用，舉例來說，有時候我們會利用物質上的鼓勵或言語的讚美，來教育孩子遵守正確的行為，這些模式稱之為「正增強」。當孩子完成正確的行為，就會獲得一定程度的正增強，使他更加牢記正確的行為。

當然，偶爾我們也會使用懲罰當成「負增強」，讓孩子記住不要再犯。但是隨著時代演進，為了避免家長或者是照顧者使用不正確的體罰，現今教育的趨勢已經逐漸減少這類負增強的使用。

史金納博士的行為主義學說，有個盲點——他們忽視了人類追求崇高理想的可能性，換言之，他們認為人性的本質來自於基本物慾的滿足。二十世紀初時，出現所謂的「人本主義」，認為人類的需求不僅僅只在物質上的層次滿足，更包含精神層面，甚至是最高等級的自我實現等。著名的馬斯洛三角，便以金字塔圖闡述人類如何從最基本的物慾滿足、人身安全，進一步追求互相尊

■ 正增強：言語讚美或物質獎勵

■ 負增強：語言責罰

當孩子完成正確的行為，就會獲得一定程度的正增強，
更加牢記正確的行為。
懲罰之類的負增強，在現今的教育趨勢已逐漸減少使用。

重並融入群體生活，最後提升成為精神層次並實現自我。

我們雖然可以從行為主義學派的動物實驗中，得到有機體如何在基本需求上產生學習的本能，但無法從動物實驗中理解人類：為何需要藉由學習提升精神層次，或是完成自我實現？古云：「人之異於禽獸，幾希矣。」或許我們跟動物還是有那些許的差別。因此，人本主義強調，學習還是需有內在的動機，這與前面所提到的觀察學習理論相符合。一旦我們沒有了內在的動機，學習成效就會大打折扣。然而這種內在的驅動力，也必須適度地達到平衡，否則就會因為壓力過大，而阻礙了學習。

以下，我將詳細說明觀察學習的四個關鍵。

觀察學習關鍵❶

感知：帶動學習的感官刺激

隨著科學的進展，人類進入一個嶄新的時代。科技的進步讓我們可以藉由醫學影像的方式，探索大腦結構，甚至包括他們的功能連結等。

約莫從二十世紀末開始，神經醫學突飛猛進，神經科學家們運用不同的實驗設計，試圖拆解各種人類的行為。當然，也包括了學習。在生理學上，人類的學習是利用感官的輸入刺激，才能夠進一步感知，並且於腦部完成資料蒐集的前置作業。此一前置過程，比起學習中後段的專注力或記憶力，更重要許多！所有的感官刺激，都會形成經驗的累積，包含視覺、聽覺、味覺、嗅覺、觸覺等等，皆為訊息重要來源。

一般來說，除非你是擔任廚師或是特殊的行業（品酒師、試睡員），否則日常生活中的學習，大概都是仰賴視覺與聽覺這兩種主要感官的輸入。就視覺來說，訊息來自光影的變化，眼睛藉由辨識物件彩度、明亮等，在視網膜上留下鮮明的圖案後，經由視神經傳導，進入枕葉腦區，並將這些圖案的訊號化成有意義的資訊。

至於聽覺，則是聲波傳導所產生的能量，藉由鼓膜、三小聽骨與內耳的傳遞，最後經由聽神經的傳導，進入腦部顳葉的聽覺中樞，再由腦部來解構賦予意義。前面所提到的視覺，一旦成為有意義的資訊後，我們稱之為**視知覺**；後面的聽覺傳導過程，最後由腦部解構出的資訊，則稱為**聽知覺**。

這兩種不同的知覺，也能互通有無，所以我們在外界得到的一切資訊，就會呈現在腦海中，栩栩如生！不妨想像，如果家裡的電視只能黑白顯現，喇叭還是單聲道，那麼電視螢幕播放的畫面，是不是就沒那麼吸引人了？相信所有人都希望在學習過程中，自己的腦部回放影像是高畫質、高彩度，最好還有立體聲音效，這樣的學習才會事半功倍！

綜合以上所述，從演化的觀點來看，我們都應該要有個「能不斷學習的大

■ 聽知覺

■ 視知覺

所有的感官刺激，包含視覺、聽覺、味覺、嗅覺、觸覺等等都會形成經驗，更是促使學習的訊息來源。

腦」；就人類實質的需求來說，我們也必須要能持續學習，方能順應整個環境變化。但是，光這樣就能說明大腦真心「愛學習」嗎？

回答這個問題之前，先將大腦的組織無限放大，直到可以看到細胞層次（參考下頁圖）。我們可以注意到，每個神經元都與周遭的其他神經元緊密相連，且條列式地排在不同分層，如分子層、顆粒細胞層、椎體細胞層等。神經元就是神經細胞，他們好似賣力的接力賽跑者，連通並傳遞訊號給附近的神經元，一棒接一棒，使命必達。每當有任務要執行時，通常會有一個啟動點，很可能是某一群的神經元，發起主要的訊息傳遞，按照一定的路徑，將這個任務圓滿達成。

早在胚胎時期，這些神經元原先都聚集在胚胎的外胚層，他們的首要任務就是「遷移」。什麼樣的遷移呢？若要我比喻，我會形容那好比是摩西帶領信徒穿越紅海般的艱難。這段超長距離的遷移，大約是胚胎時期的前三個月，如果沒辦法在這對段時間內就定位，個體出生後，就會產生嚴重的殘疾、重度癲癇等，甚至危及生命。

■ 大腦皮層中的各層分工

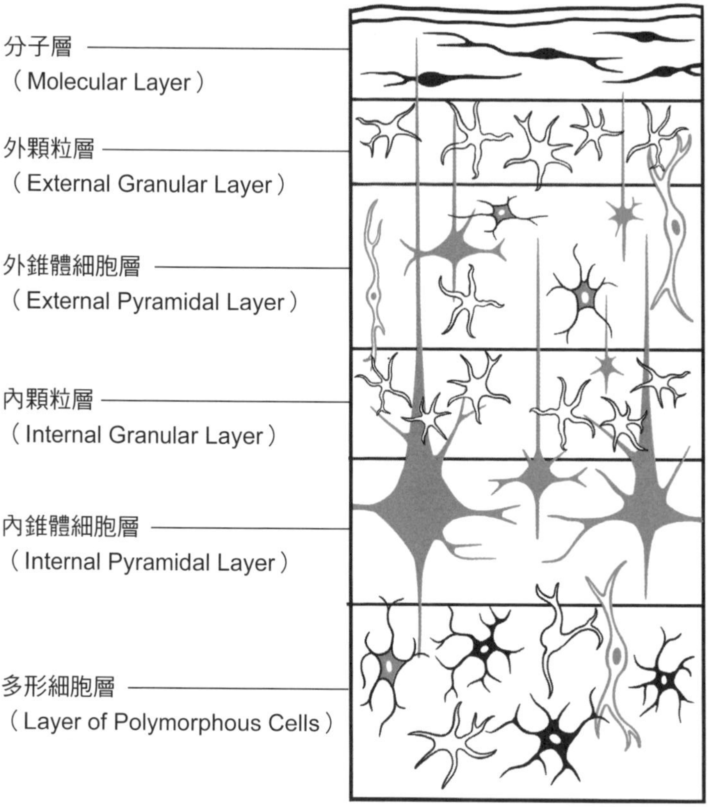
分子層
（Molecular Layer）
外顆粒層
（External Granular Layer）
外錐體細胞層
（External Pyramidal Layer）
內顆粒層
（Internal Granular Layer）
內錐體細胞層
（Internal Pyramidal Layer）
多形細胞層
（Layer of Polymorphous Cells）

通過第一關的長途跋涉，這些神經元各自站好位置後，就要開始伸展——這時神經元會努力張開雙手、雙腳，看看能否有機會「搆到」旁邊的神經元，為下一個階段的神經傳導做準備。這樣的神經連接工程從出生開始，一直到青春期結束前，**即使是成年以後，只要有新的學習任務或是學習需求，就有機會觸發原先的神經元連接工程，造成更多的神經元連接反應**。所謂「活到老、學到老」就是這樣的意思！

根據一篇哈佛大學的研究指出，出生以後到青春期，人類的神經連結大約是以每分鐘上千個連接點的速率持續增長中，想像我們的腦部有號稱二百億以上的神經細胞，難道我們的連接真的需要無限膨脹，且只許增加不可刪除嗎？也不盡然，大家都知道的青春期，我也稱之為「對立反抗期」。在這個階段，我們的神經連接產生了所謂的「盤整期」，假使是不需要或者是不常用的神經連接，在這個時期就會予以修剪，就好像花園的園丁去修剪一些不需要的雜枝，如此一來才會更加美觀。

繼續觀察神經元的細微結構，神經元有個上面有許多尖刺突出物的爆炸頭。這些突出物我們稱為「樹突」，它就像一個敏銳的接收器，專心接收來自上游神經元的訊號。爆炸頭的中央則是神經元的細胞體，而尾端就是一條長長、類似繩索的延伸，我們稱之為「軸突」。訊號用電流的方式，通過這個長管道，一直到神經元最末端，把訊息傳遞給下一個神經元。

因為突觸兩邊的神經元不會互相接觸在一起，電流傳導不過去，身體於是發明一個特殊的方法「神經傳導物質」——突觸的地方有一顆顆類似小水球的東西，裡面收藏了許多的神經傳導物質。每當電流傳遞到突觸時，就會刺激這些水球釋放上端神經

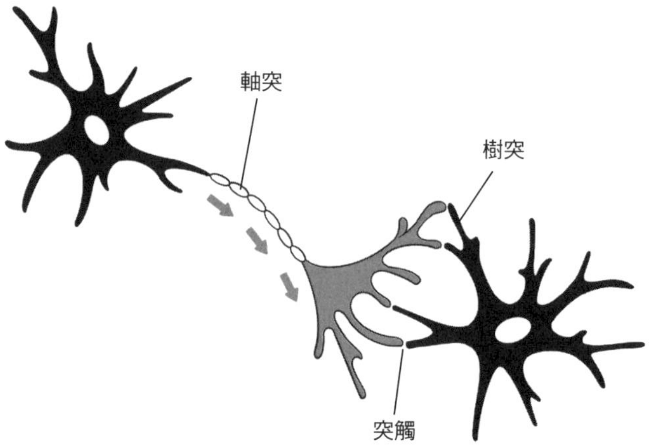

突觸兩邊的神經元無法接觸，於是身體發明了「神經傳導物質」傳遞訊息。

元內部的神經傳導物質，就像是無數顆水球炸彈爆裂一樣，裡面的東西散落到下端的神經元上，下端的神經元就像被敲了門似的，開始自發地啟動電流。一般常聽到多巴胺、血清素、腎上腺素等等，都是神經傳導物質，每一種都有他們專屬的特殊功能。

觀察學習關鍵 2

記憶：留存大腦的三步驟

記憶是學習過程中相當重要的一個環節，先來談談記憶是怎麼樣形成的。

早在上一個世紀，神經科學家就發現，如果只是單次的神經傳導物質傳遞，造成下一個接受端的神經元表面電流上升，就能完成所謂的單一刺激訊息傳遞。但是要留下記憶卻沒那麼簡單！試想過往要準備考試時，記不住課本內容的我們會怎麼做？通常都是反覆地不停背誦，背了一遍背不起來，那就再背個十遍百遍。細胞層次的神經元，它們也是這麼做。

我把記憶的形成過程，形容成神經傳導物質水球的「疲勞轟炸」！這種疲勞轟炸可以從上端的神經元快速連續地發出水球，或是徵召一批上端神經元，同時對同一個神經元做水球轟炸，就像多點同時攻擊或是同一點連續攻擊。這樣的結果，就是接受端的神經元突然間承受「飽和攻擊」，它身上的電流會持續上升到接近天花板的電位，並在高電位維持一段長時間。

根據以往神經科學家的研究，瞬間強記的資訊，通常可以持續數日之久或長達數週，這就跟我們在神經元層次所觀測到的高電位維持一段時間不墜的現象相匹配，所以科學家們相信，這就是記憶在分子生物學上的機制。是否覺得神奇？我們的身體利用了這樣的特殊機轉將資訊牢牢記在腦海裡。

看到這裡，你可能會想問，難道只有在考試之類的高壓下，神經元才會知道要賣力，平常時就什麼都學不會嗎？當然不是！神經元並沒有那麼懶散，它們大多很克盡己職，除非是在極度放鬆的狀態，否則神經元多能竭盡所能地完成任務。以下說明記憶留存大腦的三個步驟。

步驟① 打開心眼

學習的確是一個多步驟且消耗能量的過程，正是因為多步驟，所以只要有一個階段稍稍延遲或執行不徹底，效果就不如預期了！

現在，就以你正在學習大腦相關知識的情境，來說明腦部是如何記憶吧！不管是讀了幾段文章、看到多少張的圖，遇到不理解的地方就重複閱讀或是在腦中盤整，所有**步驟的源頭都是因為你對這個主題有興趣，所以才會試圖尋找適合的資源**。這個過程起自腦部的發想，需要腦部先打開你的「心眼」，提高對環境的警覺性來覺察事物。

這種覺察能力，也會讓我們的感官更加敏銳。我想，每個人都曾意外發現自己的「心眼」，例如突然發現住家附近有個特殊的裝置藝術。其實這一點都不意外，只是人類的大腦多數時候都在「節能減碳」，想用最少的能量完成日常生活的瑣碎事務。當你心眼突然打開，你自以為遲鈍的感官就會靈敏起來！

步驟② 收錄訊息完成解碼

打開心眼後，就要配合知覺，將所有的訊息收錄進來，並且成功完成解碼任務。還記得我們前面說過的高畫質影像嗎？進入到這一步，就要有專注力，專注力是來自於前額葉的功能之一，**從上而下認真篩選進入腦部的感覺訊息，再將這些訊息逐一轉化為所謂的知覺**。

前面提過，視覺來源與聽覺來源的知覺會同步且互補，建構出擬真的立體聲畫面。但這邊我要稍微補充，知覺是被解碼後的感覺，換句話說，知覺是腦部可以理解的編碼。這類的編碼會進一步將腦部與先前的資訊比對，甚至能夠當成元素來操作使用。

一般而言，這類知覺訊號的儲存所需空間比較小，如同我們在使用的電腦，把圖檔轉訊成向量儲存後，就不那麼占空間了！也因為知覺形成的狀況有個體差異，所以每個人眼中看到的世界都不盡相同，難怪有人可以是最具豐富創意的藝術家！

步驟③ 留存訊息成為記憶

當主要的資訊被抓取，形成所謂的知覺訊號後，就會進入到步驟③：把這些訊號留存在腦部，也就是**記憶**。前面介紹了在細胞層次上的記憶處理過程，那麼記憶是發生在所有的腦部細胞嗎？聽說記憶的中心在海馬迴，是這樣嗎？

記憶的確可以儲存在腦部的所有區塊，就像放置隨手可得的資料一般，但不同腦區負責不同的功能，當然要放置跟這些功能直接連結的資料，才能迅速完成工作。醫學上稱海馬迴為「記憶固化中心」，顧名思義，需要留存的訊息經過這個單位的處理後，就能被固化了。

平常我們看建築工人進行水泥灌漿，一定要讓它風乾一陣子，才能堅固耐用。假使是不太需要腦部特別留存的訊息，例如辦公室同事遞來需要你回電的紙條，這種一次性回覆，在回撥電話後就可以將訊息放下，不需要特地送去記憶固化中心，這樣才能真正的節能！

但有另一種情境是，這些資訊會在下週的期末考題中出現，你就必須要有固化的動作了！那被海馬迴處理完畢的資訊會放置在什麼地方呢？前面提到，記憶會儲存在腦部的所有區塊，所以就視哪個腦區比較擅長，把資料往那邊輸送並存放。

大家都看過球后戴資穎在羽球公開賽上的表現吧？她可以背對球做出正確的擊球，球后說這是她從小到大的自然球感，但在學習歷程來說，這絕對不僅僅是天賦而已！她應該是憑藉著優秀的小腦平衡感，完成這些神奇的動作，這些動作被海馬迴固化後，再被送回小腦儲存下來。想當然耳，這樣的情境只要一再重複，小腦就可以立刻將資料回放，電光石火中完成小戴口中的球感，讓旁人讚嘆不已！

觀察學習關鍵③

重現：按照自己的方式執行

成功輸入完美記憶後，學習終於走到了一半的路，千萬不要以為這邊就是目的地！輸出還是一個大關鍵，而現在不過是在輸出的起點而已。

重現就是要按照記憶中的每個細節，開始用自己的方式執行。大家一定都聽過工廠裡有所謂的自動化機器人，諸如鎖螺絲這種細部工作，可以交代機器人來處理，但你知道工廠裡的機器人多數只會做幾種動作而已嗎？如果動作的步驟太多或是一直變換，機器人還不一定能完成。

人類開發機器人已經有幾十年的光景，近幾年只要有機器人可以像人類一樣跑步或後空翻，就足以登上科技新聞的頭條。所以你就能知道，將腦部回放影像輸出，看似非常容易，其實大腦需要耗費許多指令才能夠完成。我們都知道手眼協調性，在學習的歷程上，協調性是相對基本的要件，但若你無法依樣畫葫蘆，這個學習可以說是一點成效都沒有！

人體對複雜動作的控制並非本書討論的主軸，只是給讀者一個重要觀念：當我們看到某個孩子動作笨拙時，請記得將心比心，**他有可能是比較不擅長將學好的動作「回放」，或是在初學較困難、複雜的動作時，需要更多的時間演練**。這些事在熟練的達人眼中，或許會覺得不耐煩，但卻是學習的基本過程，絕非一蹴可幾！真正精熟的行為養成，需要不斷地反覆操作練習，而正確的學習習慣一旦養成，將能讓這些操作更加事半功倍！

觀察學習關鍵 4

動機：驅動學習的最大力量

最後要關注的步驟，是學習的動機，又或說「為何要學習」。

早期的行為主義者認為學習是生存所需，後來也有人本主義者認為人類可自主控制。但無論如何，只要是愉悅的學習目標與成效，都可能啟動所謂的回饋機轉，這部分在腦部是很特殊的。

給各位一個情境，想像自己身處在賭場裡，玩著二十一點比大小，身上籌碼有限，偏偏今晚不太走運，心想這或許是最後一次機會，決定賭最後一把。沒過兩分鐘就發現莊家全拿，最後的籌碼都輸光了！這時候你會選擇離開？打電話給好友調頭寸？還是相信再堅持一下就可以回本？

我猜多數人都是前者，但骨子裡藏著賭徒天性的朋友，或許就會想搏個翻身，這就是腦部回饋機制的作用。賭徒或是容易上癮者，他們的回饋機制特別強烈，很容易被驅動，而且會在過程中得到高強度的回報。

我在歐洲留學時，遇過一位台灣的留學生，她不只是英文好，還能說一口流利的韓文，我原以為她大學讀韓文系或是有親人來自韓國。誰知她說自己從來沒去過韓國，只是因為高中時迷上韓團，覺得要學會韓文才能追星，於是開始自學，越學越有心得，每天都掛在韓文網頁上，後來才發現自己的韓文程度已經很頂級！這樣的例子，不僅僅是有志者事竟成，更是因為強烈的動機驅動，才能達到學習的標的。

所有的學習都必須去蕪存菁，方能內化成自己所用，舉凡感官敏銳度、知覺處理、專注力、記憶力、執行的動作協調性與習慣，甚至是動機，都是屬於學習的基本要件，缺一不可。想要學習好，就要把這些要素都銘記於心，若有學習上的困難，只要逐一審視這些要件，就會發現「貓膩」所在。

我非常幸運地可以「學習」在我自己的專業門診裡，幫助有學習困擾的孩子。會強調「學習」，主要是我認為醫療行為也是一門需要精熟的專業，即使熟讀理論，也要與個案互動，方能累積解決問題的能量。

在了解大腦的學習過程後，現在就要來理解「學習策略」。儘管孩子現在的學習表現落後，但仍然有方法可以從旁協助。家長的理解與支持，能讓孩子發揮最大的潛力。

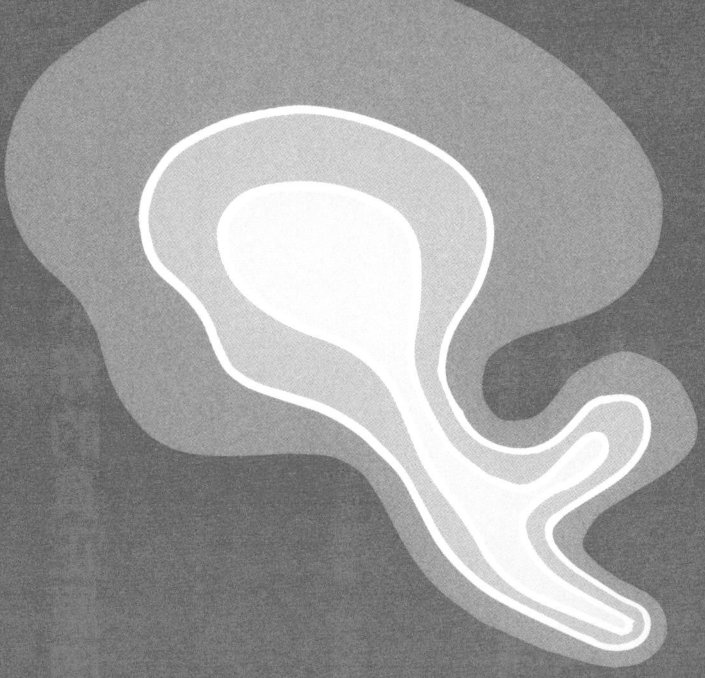

第 2 章

學習，需要用對策略

有效的學習和策略有關，包含學習的方式、
如何提供正確回饋、激發孩子的學習動機等。
每個孩子的大腦不一樣，必須要以彈性結合規範，
才能提升學習效果，更享受學習過程。

找出學不好的真正原因

學習策略源自於學習的基礎理論，還記得第一章我們曾經提過班德拉這位學者的論述嗎？

班德拉亦曾提出四個影響學習的「自我成效」因素：首先是「成功經驗」、第二個是「他人經驗」、第三是「群體說服」，以及最後的「自我投入」。

一般來說，人們經常將成功或失敗歸因於自己的能力，或者是環境中遭遇的人事物。若是在一開始就產生所謂的「歸因錯誤」，像是我有時會聽到同學們說起，這堂課老師教得不好，所以我的成績才不好或是被當掉。這類的論點不一定是錯誤的，但是卻將自我的部分卸除。即使除去了不少罪惡感，卻無法改正學習中的錯誤，最後形成更明顯的惡性循環。

■正確歸因啟動正向循環

倒過來說，正確的歸因或者是我們說「正向的歸因」，反而能啟動正向的循環。不知道你有沒有聽過，有些人幾乎每天都會踏進同一間早餐店，抑或是某幾家早餐店，而且可能不假思索，菜單看都不看就點了一樣的食物，甚至連老闆都能夠猜出他想吃什麼！這個就是經過正向的驅動所產生的「自然而然的習慣」，哪一天如果早餐店老闆沒開門，這人或許還會覺得不知所措，無法決定今天早上要吃什麼。這就是所謂的「基模」或「慣性形成」，從而產生的自我效能增大。這是什麼意思呢？

簡單的說，就是已經太習慣這一切，而不知不覺被這一切看似普通的歷程，持續且強烈地影響，導致無法被輕易扭轉。學習者也可以利用這種方式，對學習的形式建立自我效能感並放大其影響。為何在學習策略的開頭，我們特別說明「自我成效」？其實這個就是動機的起點！

關於班德拉提及的第二個因素：「他人經驗」，仔細想想，我們從小到大，不一定能立刻獲得成功的經驗。但是班德拉所提到的他人經驗，似乎不會太難取得，尤其是從父母親這端！還記得很多幼教專家老是說「身教大於言教」嗎？我也經常跟父母親們溝通，縱使時下的3C產品絕非洪水猛獸，但如果身為家長的我們總是手機滑個不停，孩子絕對是有樣學樣。反觀所謂的書香世家，長輩們皆開卷有益，孩子們也容易耳濡目染，逐漸發掘閱讀的樂趣。這是我們可以帶給孩子的改變。

回到首要的因素：「成功經驗」，當然也是很重要的！心理學家德威克曾提過「成長型思維」這個名詞，他說智能表現或許能夠靠努力提高，因此成功絕非單純只被天生的能力影響。然而，很多家長或老師往往只告訴我們「努力就能成功」，但我們或許**更應引導孩子們如何用行動帶來成功，而不是僅僅在旁邊喊話**，這樣就能夠創造符合他們的自我成功經驗，甚至增加社會說服力，這樣也能大幅改變他們的成功歸因方式。

利用這種引導模式去教導學生，孩子們的腦部會不斷自我成長，只要他們願意多作嘗試，按照神經學的分子理論，神經元會繼續延伸並進行新的連結。如此一來，腦部可塑性就能讓大腦繼續發展，而不是一味擔心自己不夠聰明或天生能力不足。

■啟動正向循環的「堅毅力」

前幾年流行一個新的名詞「堅毅（Grit）」，這個詞被用來表達長期堅持的行為。很多家長因此跑來問我，自己的小孩很像屁股有蟲，根本不可能堅毅不屈，連專注都有困難。但是各位不知道有沒有發現，如果他們是在玩Switch，或是沉浸在他們有興趣的事物上時，就好像怎麼拉也拉不走，甚至可以廢寢忘食？

當然，我們都知道，即使是上班族在追韓國歐巴的偶像劇，好像也能產生類似的效果！我們要的就是孩子被驅動動機後，從旁人的經驗看到自己成功的契機，又從自己累積的經驗，感受到這份學習帶來的感動，最後習以為常成為習慣，不用我們「督促」，就會願意進入正向學習的循環。

這整個過程，或許需要幾個月或甚至幾年的累積，方能產生，但是一旦啟動這類的正向循環，就是所謂的「堅毅」。

■ 失敗≠能力不足

另一點很重要的，要讓孩子們明白偶爾失敗不代表能力不足！

孩子們在生活中似乎不常接觸成功背後的艱辛，因此他們會有種種奇怪的想像，例如「成功的人就是因為比我有天分」這類單一歸因的想法。前面曾經提到，我們要引導孩子們成功，必須要讓他們親身經歷或走過這段歷程。

在過程中，除了體驗外，還要給他們一些整體內容的解析或是提點，告知他們在哪些環節，會有所謂的「失敗因子」含藏其中。而每一次的成功也都不是偶然，要有非常多的因素搭配起來，才會得到難能可貴的果實。如此一來，孩子就比較能有所謂的挫折忍受力，因為他們知道勝不驕、敗不餒，成功需要堆積努力，但努力不是唯一的成功保證。

「堅毅」的核心也是這塊，將所謂的努力不懈進化成日常習慣，而不易遭受到外在的變動因素干擾。

接著，我們將針對第一章講述的「觀察學習四關鍵」，提出幫助學習困難兒的學習策略。

學習策略 » 給學不會的孩子

- 帶領孩子尋找動機，感受學習後的成果，逐步累積成習慣。
- 讓孩子們明白偶爾失敗不代表能力不足！

觀察學習四關鍵：感知

「正向回饋」讓大腦再多學一點

接下來談談大腦在學習中，還要有適切的回饋，這點和觀察學習四關鍵的「感知」有關。第1章提過，**腦內的多巴胺傳導路徑，會產生所謂的回饋機轉**。這情況我在診間幾乎是天天使用，例如我的門診會準備孩子們喜歡的小貼紙，常來報到的小病號，就會主動開口，希望在診療結束後得到獎勵！

二十多年前，我的學長在我剛入行時，就諄諄告誡我，下班後如果有機會逛夜市，一定要去找專門賣「貼紙」的攤商，跟他們討教近來銷售業績高的貼紙，買幾張回來剪裁加工，就會是孩子們眼中「上道」的兒科醫師。我的確也是如同前面提及的學習歷程，他人經驗加上自我經驗的堆積，不知不覺養成買貼紙的「好習慣」，只是平台從夜市攤商轉換成為網購下單。

■ 利用正增強物導向正確目標

這些貼紙，我們稱為「正增強物」，也是老師在課堂經常會使用，以外在酬賞來塑造學生行為的小技巧。如果學生做出目標行為，老師們就會針對該行為給予正面增強。過程的第一步是：**只有正確的行為才能取得獎勵**。兩者一定要對應正確，類似帕夫洛夫的實驗，否則可能會強化其他無關的行為。

就塑造行為而言，即時酬賞的效果比延遲酬賞要好。至於需要「懲罰」這種「負增強物」嗎？事實上，懲罰可以制止錯誤的行為，卻無法導向正確的行為；只有單向的引導，不足以完成我們的目標。所以我們仍需要不斷強化，或是帶著孩子們邁向真正的成功，而不是單純執著於「正增強物」本身。這一點還滿重要的，所有的回饋機制，都要給予正向、正確的目標並持續引導完成，畢竟我們希望孩子們順利達成某事，不是停留在搜集「貼紙」而已。

■原始的增強物雖有效但不適合

我自己在門診，多半會跟孩子們直接對話，除了給他們心心念念的貼紙外，還會「請教」他們，病情逐漸緩和甚至康復，是否覺得有種雀躍的感覺呢？這個模式就是讓孩子們體悟，貼紙是獎勵他們的中間物罷了，真正最令人感動的，莫過於他因為持續不斷地努力，在這次療程中順利「畢業」！

當孩子們體會到這個重點，即便未來正增強物逐漸減少，仍能因此而配合不管是學習或治療的過程，這才是回饋機制最應該發揮的區塊。最有效的酬賞是原始增強物，包括食物及關愛等。從演化的角度來看，這些東西對生存至關重要。但，基本上我們不應該使用原始增強物，因為它們太具威脅性。無論是家長或老師們，都不應該對兒童使用原始增強物，換句話說，不能以食物等酬賞他們的正確行為，也不能因為錯誤行為剝奪對他們的關愛或食物給予。

有個名詞是「情緒勒索」，看似很遙遠，卻經常在家長孩子們對話中發現。例如：「你再不聽話就不能吃飯！」或是「再不好好學習我就再也不理你或不愛你！」等，**老是以所謂的「我是對你好」當成前提，卻直接提及孩子們**

無法或無力抗拒的條件，當作威脅的手段。這並非良好的引導，且容易造成親子關係的扭曲。

■ 分數、徽章等次級增強物也可行

因此我們多半採取次級增強物，包括類似分數、點數、徽章等，其酬賞效果來自與其他經驗的聯繫。這種次級增強物利用類似帕夫洛夫實驗的制約反應，優點在於這些東西成本不高、方便而且沒有負作用。代幣制就是次級增強物的一種，學生表現出目標行為就能獲得代幣，當學生累積到足夠的代幣後，可以用代幣換得酬賞。

我們在日常生活中，這類代幣制度亦隨處可見，記得你總是利用某些APP或是電子錢包付款嗎？當付款的次數增加或是金額上升，平台就會給你一堆點數，還會跟你強調點數可以兌換的商品或是服務等等，這就是所謂的次級增強物。你知道這些增強物一定對自己有利，但常常搞不清楚具體會有哪些福利吧！

成功學習仰賴完整複製的過程

學習過程中，**同儕也是很重要的，與班德拉的第三要素「群體說服」有關**。與優秀同儕一同學習，或許將從而改變學生認為自己無法進步的信念。但這點在班級的經營上相對要小心。如果資優生經常受到老師的誇讚，反而會與其他同學漸行漸遠，更容易造成其他人自暴自棄。

我們應當實行的方式是，**讓一般同學認為，表現好的同儕只是掌握了「成功的訣竅」，而這種成功的模式是所有同學都能夠完成**。因此，除了師長們的引導外，也要鼓勵成功的孩子「不藏私」地分享成功的步驟，甚至擔任起領頭羊的角色。這樣的團體氛圍才能夠形成，而漸漸朝向正向循環，讓整個團體的成功機率大幅上升，且其中的每個參與者都會有無比的信心。

增強物永遠不是「最終目標」

之前有提及「次級增強物回饋法」，一定有人會問，那是不是每次都要

「打賞」？有些媽媽們告訴我，這樣實在耗時耗力，又不是像 APP 一樣可以自行累積！孩子們記性很好，經常都會抱怨沒有得到公平的獎勵。

這就呼應到前面提及的，我們希望孩子能體認，目標達成才是最終、最重要的回饋，這個觀念必須於過程中不斷強調，並且在獎勵進入到習慣逐漸養成後，就逐步讓孩子們利用「自我制約」形成的步驟，自然而然地趨向目標甚至完成。而在這當下，除了鼓勵之外，孩子們完成目標時也能給予別具意義的次級增強物，讓他體會到成功的可貴。所以，操作次級增強物並非一成不變，也應該隨著孩子們的進程，逐步調整減少。

學習策略 》給學不會的孩子

- 不論正負增強物，使用時必須有所節制。
- 提醒孩子目標達成才是最重要。

觀察學習四關鍵：記憶

促發孩子的想像與創意

在學習的歷程中，創意有時候是解決問題、加深記憶的重點，例如，操作想像遊戲或活動時，一般無法立刻提高創意，但可以在某程度上提高想像力。我們往往在教學過程中，會請孩子們想像，特別是在比較早期引導的過程中，請他們發揮自身的創造力。這時候可以運用所謂的想像遊戲或活動，也就是讓孩子認為，自己身處在一個必須完成的遊戲之中，我們可以給予任務，請孩子們去完成，情境設定或遊戲規則，則可視孩子們的熟悉度以及他們的心智年齡而定。

為何孩子會有這一類的想像模式呢？兒童在早年發展的階段中，執行功能會產生重大改變。執行功能就是指認知控制的能力，包括專注於某個想法、排除其他念頭，或從一個想法轉換到另一個想法的能力等。在這個發展過程中，有時會形成重要的「象徵能力」，即了解一物可以象徵或代表另一物的能力。所以我們如果讓孩子自己操作，彷彿身歷其境地去感受到問題所在，會比生硬的課程學習更好。即使孩子們逐漸年長，我們也可利用類比的方式引導。

■ 孩子能用遊戲或類比來解決難題

早期研究如何用**類比**或是**遊戲**引導孩子來解決難題時，曾經有個實驗情境是模擬農夫碰到難題，他需要拿置物架頂層的東西，但他不夠高大。研究中請孩子們幫農夫想辦法，在他們嘗試幾次後，會提供如果把乾草堆起來，讓農夫站在上面的解法。

當孩子們進入下一個情境，如模擬技工需要拿車庫櫃子上方的東西時，很多孩子就會想像如果把輪胎疊起來，讓技工站在上面，就可以拿放置於很高、伸手拿不到的東西。這群學齡前幼童嘗試找出兩個遊戲情境的類比關係後，並不會把每個情境視作獨立事件。在理想情況下，孩子們學會類比思考後，透過相近例子學習的能力就會提高。

有沒有似曾相識的感覺呢？我想你一定會有的，如同在大學授課，我發現自己常常需要成為一個唱作俱佳的教授，特別是在較為晦澀或者是抽象的概念時，我可以選擇按照教科書的內容，直接從字面上拆解出課程內文含義，這時我多半都可以清晰看到學生們糾結的表情。

因此，在教授這類的段落時，我比較常使用的方式是舉例說明，利用同學們生活中觸目可及的實例，實際上應用課文中的原理，把整個段落的邏輯思維演示一次，若是其中還能夠穿插幾個笑點，同學們再次看到這個段落，就會不經意地眉開眼笑了。

■視覺化可連結圖像與結構

這裡也介紹另一個常用的技巧：視覺化。**視覺化教學策略是用外界可見的、清楚有序的視覺表徵呈現資訊。**舉例來說，建築師在做初步設計時，有時會先畫出草圖，思考這些草圖可以如何發展，他們雖然是畫出心中所想，但也會從草圖中獲得新的靈感等。

當腦海中有了畫面，人們就能以視覺的方式搜尋資訊，不用毫無頭緒地尋找某個記憶或一不小心就忘記當下在想什麼。視覺化勝過書面文字的一點在於，**圖像更能凸顯資訊之間的關係，而且人類的視覺系統會自動為圖像建立結構與連結**。

猶記得早年港澳報社初駐點台灣，並發行他們專屬的報刊雜誌時，對於台灣的書報閱讀市場造成多大的衝擊嗎？那時的我正在念大學，每天總是很期待在便利商店的書報架，打開這些港澳新聞社的報紙，裡面皆是滿滿圖文並茂的表格或圖解。這對我們從小在台灣生長的學生們，簡直是一種新奇的體驗。我經常跟同學們分享，那些映入眼簾那些圖表的內容，我總能一字不漏地記下所有細節，彷彿我就是那位播報的記者一般。這就是視覺化的神奇魔力！

更不用說現代的社群媒體，動不動就推出所謂的「懶人包」，已深植民眾的日常生活。「懶人包」往往搭配豐富的圖文，能將原先生硬或是相對不熟悉的領域知識，直接轉化成精要的重點並且方便吸收，這的確也是學習的妙招。

■ 慎用3C才不至於扼殺創意

類比或者是想像遊戲的模式，是把稍微困難的學習負荷，利用「糖衣」一般包裹起來，雖然內在的核心不見得因此就淺顯易懂了，但至少外包裝是令人愉悅的。在這個嶄新的世代之中，我們看到了許許多多這樣的應用，尤其是利用所謂的3C現代科技，將困難的文字轉變為可以秒懂的影片，確實也大幅加速我們的學習進程。

然而，這在操作上仍有些要注意的。我們如果使用傳統的想像遊戲或者是類比的操作，孩子們在學習的歷程中，主要想像的素材都來自於生活中的經驗或是天馬行空的創意。可是一旦我們開始習慣現代科技所創造出來的影像或畫面時，這些素材都將是由他人直接「餵養」。

換句話說，這些並非我們原先就已經內建，而是被動傳輸進入我們的認知系統，看起來的確方便許多，卻造成了腦部懈怠！之前說過3C產品必須謹慎使用，這就是其中一個重要的關注點！

如果我們希望孩子們有旺盛且源源不絕的創造力，就必須鼓勵他「自我製

成」，而不是隨時仰賴他人的「餵養」。創意的確跟天賦有關聯，但無論是否有高度創意天分，仍需要持續不斷地練習，才能得到更多，這應該是大腦學習的鐵律之一！

■ 被愛釋放的創意力

說到創意的引導與激發，我真心要跟各位大推變裝皇后妮妃雅媽媽的教養方式。妮妃雅變裝前稱 Leo，變裝後的名字為妮妃雅（Nymphia）。我看過 Leo 訪談，是個個性羞澀的天真大男孩，沒想到一旦變裝成妮妃雅，面對鏡頭時就會變得很奔放！

妮妃雅是與主流「不一樣」的孩子，媽媽表示：「父母應該要去思考，為什麼老天要給他一個不一樣的孩子，或許是對他人生的考驗，讓他去體會到什麼叫做真正的愛。」

妮妃雅媽媽認為，在孩子成年之前，父母要對他們進行引導，並提供給他們一個安全的環境，讓他們喜歡做什麼就去做什麼。她覺得，小孩只要不賭博、不吸毒、不危害他人的生命，喜歡做什麼都可以的。因為人生是屬於孩子自己的，孩子人生的精采面，要自己去創造。

對於兒子是變裝皇后，妮妃雅媽媽從來都是支持的態度，也會和朋友一起去觀賞兒子的表演，她還說：「八十歲的阿嬤，看到眼睛都要『脫窗』了。」我想，這就是父母能給的極致，一個安全、安心、可以揮灑的空間，多麼不容易，也是孩子創意的最佳溫床。

學習策略 ≫ 給學不會的孩子

- 遊戲與想像可以有效刺激孩子大腦畫面、加深記憶。
- 鼓勵孩子自己創造，而非仰賴3C的餵養。

觀察學習四關鍵：重現

創造眼到手到心到的學習環境

除了想像操作，難道不需要動動手嗎？如果可以，實作的確是一個重要的核心。假使沒有演練，許多的學習只會淪為形式。而且在演練時，及時透過一個核心原理或架構來加以「說明」，能把許多零散的知識、經驗結合起來。將經驗和說明結合後會產生不同類型的知識，進而出現很強的學習效果。

我想到的一個絕佳例子，就是我曾經歷過的醫學教育。醫學知識的堆積，需要長時間極度專注的養成過程，但是，一踏入真實的臨床場域，又會發現醫療專業跟當初學習的落差極大，幾乎都要砍掉重練。

為什麼會有這樣明顯的差距呢？因為醫學知識編纂的過程，是許多專家按照疾病的類別，將不同的知識完整歸類，再將歷來所有沿革以及後續發現的理論，利用完整的系統呈現在醫學生面前。但是當你面對真實的臨床醫療，請問會有哪一個病患，在還沒看病之前，就告訴醫師他罹患的疾病呢？就算有，難道毋須重新釐清嗎？

臨床經驗是從疾病的另一個端點切入，等於是完全相反方向的學習模式，這對於長久以來習慣在課堂中系統性學習的醫學生而言，的確是一種重大衝擊！因此，多數的醫療人員養成過程中，都會在實習前後產生某種程度的挫折感與焦慮感，然而，只要能成功度過這時期的試煉，就會再度內化出另一種新型知識組合，醫療專業的掌握度也會提高。

■ 別忘了，人們重視生成作品得到的回饋

耳熟能詳的專題式學習，往往是透過設計與現實生活相關的專題活動，去學習知識和技能。曾有研究發現，設定正確目標可以促發專題式學習：他們的

研究對象是設計火箭模型的學生，研究比較以傳統方式設計模型的學生，與具有目標的學生之間的表現，是否有差異。當有實際的目標時，這批學生做火箭模型的當下會想像自己的創意能夠成為未來的應用，將非常積極參與設計，這就是製作類型的活動並成功生成作品的魅力。

製作類型的活動可以是在學校或是其他地方進行，學生們總是渴望看見自己付出後的成果，當他們把構想製作出來後，便希望外界能給予回饋，指出成功與待改善的地方。他們也樂於與人分享作品，由此獲得更多的回饋，最終生產者獲得回饋後會制定新目標，新目標又會促使人繼續學習——從這個階段開始，循環會重新運轉，而製作者為了達成新目標而學習新的或優化製作方法，直到成功。

印象最深的就是有次我看了一個電視節目，描述在雙北開業的某個胡椒餅店老闆，他成功出師後開了一小間店鋪，在前期他掌握先前師傅教導的訣竅，完整地重現在顧客面前。想當然耳，顧客給他很多好評，讓他即使在豔陽高照的炙熱氣溫下，仍一心一念地付出，希望更多的顧客上門回饋。他創店的區域因與以前拜師的地方不同，於是當地顧客也給了他許多口感上的改進方向，除此之外，他也自己不斷創新，例如想要做出有蘋果內餡的甜烙餅等。

在這個過程中，或許並沒有因此而賺大錢，可是他一直強調那種內心的喜悅，甚至還說自己去找西方糕點的食譜來學習。這就是一個極佳的範例，根據生成作品的巨大回饋，讓胡椒餅老闆不斷精益求精，成為新時代的創意「餅」達人！

教學端須於正確時機給予回饋

通常對於初學者而言，學習過程中能理解操作上的些微差異或獲得詳盡回饋，是很有意義的。至於提供明確操作上的差異回饋時，到底要不要同時加上詳盡解釋，可能要根據解釋後的效果來判斷。舉例來說，我們一定都學過英文單字，多數人記英文單字的方式，就是不停複誦，直到滾瓜爛熟為止。但也有一群同學，可能更習慣熟悉字首字根，把較長的英文單字拆解後，才覺得好記！至於老師在教英文單字的時候，哪種方式比較好呢？對於不同的學生，所謂的字首字根解釋不一定有效，反倒是對於喜歡直接背誦的同學，過度強調字首字根，他們還嫌麻煩呢！這就是因為學習者的角度不同，對於操作過程的詳盡解釋而產生的不同效應，需要教學者視情況判斷！

無論學習什麼內容，就算老師教得再好，學生也難免會有操作不順利的時候。常見老師的做法是緩慢、清楚地再重複一遍教學內容，希望學生再聽一次就能學會；第二種做法則是使用另一個教學方法。但是如果每個課程都要設計兩種教學方法，無形中會提高成本。所以若採用**「適度回饋學習」**，**將重點聚焦在學習內容本身**，讓學生可以自我修正或許會更好。

有效回饋的目標是「發現問題所在」，要能符合內容明確、時機恰當、容易理解、不具威脅性且能夠輕易修正等條件。這些條件都很容易理解，其中特別強調時機恰當，就是因為帕夫洛夫的古典心理學實驗。這裡有個非常重要的關鍵，那就是搖鈴與給予食物的時間必須非常接近，否則小狗就無法將這兩部分正確連結，產生不出生理反應的刺激連結。

我們回過頭來看這回饋的時機恰當因素，當教學端無法及時回饋，學生很可能不知道先前的學習缺失出現在哪一個環節。無法聚焦連結，自然無法達成所謂的自我修正。另一個特別要提的就是**不具威脅性**，指的是**學習不該有過多**

的挫折感！學習當然不是一帆風順，但如果重複接收到嚴格的回饋，學習者很容易落入「習得無助」的想像，而最終降低學習的熱忱或是放棄學習，這就不是一個有效的學習歷程。

適時的反饋引導帶出最佳表現

如何適時反饋引導，方能創造出真正的奧運金牌？郭婞淳的林敬能教練團隊，就做了最好的示範。攤開郭婞淳每週的行程表，會發現驚人的規律性。她每週訓練六天，星期一、三、五會晨操，並以抓挺舉訓練為主；星期二、四的早上會進重量訓練室，完成體能訓練師的課表，下午則以教練的課表為主。禮拜天是每週訓練的休息日，但她有時心血來潮還是會拉著學弟妹做晨操。

身為金牌教練團一員，體能訓練師鄭玉兒表示，郭婞淳是一名身體感知非常出色的選手，知道做哪個動作時，身體的哪個部位沒有發力，就會提出問題。兩人透過溝通，開出訓練課表，經過訓練確認是否改善，再決定修改或加強。這樣的互動就是一種即時回饋，而且學習者郭婞淳有相同體認、希望能夠追求卓越下，因此更能明瞭回饋對她的價值。

成為頂尖的關鍵，就是願不願意利用更多時間，將不夠理想的地方做得更好，這也是練習後回饋的重點。

學習策略 » 給學不會的孩子

- 實作後的重現是學習重要關鍵，多給孩子動手做的機會。
- 發現問題時若能當下回饋，可以鼓勵孩子及時修正。

觀察學習四關鍵：重現

明白因果關係，孩子才學得進去

有效運用所學知識有兩個前提：學會「如果」和「結果」。「結果」是某個行為或反應；「如果」是引出行動的前提。

有點可惜的是，大多數課程或教材只有詳細解釋「結果」的部分，卻沒有清楚分析「如果」；把結果解釋得很詳細，但造成這個結果的條件、前提卻草率帶過，導致學生沒有足夠的先備知識理解教學內容。

建立先備知識，孩子才不會早早放棄

授課教師真的可以直接把知識輸入學生的大腦嗎？其實學生需要在學習過程中，自己理解和摸索。但問題往往是：學生通常不具備足夠的先備知識，所以課程中無法及時建構優良的知識體系，只能記住老師說的片斷話語，而不解其意。

如同在臨床實作中一般，為了提高授課和教材的教學效果，老師應該先幫助學生建立先備知識，使學生上課時能夠進行有效建構。同時利用有意義的活動，並且在遇到困難的情況下提出適時的說明，引導學生接觸他們要學的關鍵內容。

其實人們往往期待參與各式活動並學習，但由於缺乏足夠相關技術或能力，只能提早放棄。例如幼童看到家人在看書，自己也想看但不認識字，這時拿給他繪本，就能讓他一同參與閱讀。還有像是滑雪，假使初學者先用短滑板學習，就會學得比較快。因為短滑板比較容易操作，方便初學者容易掌握滑行、停穩、轉彎等基本動作後，就可以換比較長的滑雪板加強速度和力量。

互動式學習的好處

這裡還有個重點，我們需要建立良好的互動學習環境，使人持續參與並深度學習。曾有學者專家研究家長如何培養孩子的科學興趣，首先可列出培養此類興趣可能牽涉的專業角色，如老師、合作者、提供資源者、僱主等。當我們設計課程角色活動時，也可以嘗試跳脫傳統教室的既有角色，讓老師或家長用其他方式引導學生參與活動。

例如多數的教室裡通常只有兩種角色：學生和老師。當課程設計希望導入參與感或是互動式學習時，我們甚至可以帶入多元角色，實現平等的原則，而且讓每個學生都能有機會貢獻，如小小新聞製作團隊的課程會有報導員、編輯、美術設計等。

倘若可以利用這種多元互動模式進行，就能讓孩子們學習用各種不同視角，觀察同一活動的不同面向。這就形塑出所謂的**立體3D學習**，我們可以想像學習時的觀察不再是單純點對點，反而可以看出學習目標自身平面或立體的多維空間，這樣就能改變傳統授課的單向模式，並使學習歷程更加生動化。

■ 刺激與感受壓力是學習兩面刃

學習是否一定是沉重的？很多家長這樣問我：我的孩子只要聽到學習，就完全無法配合或是想從書桌逃開！的確，當人們感到興奮時，表現自然會提高；若是進入昏沉或冷感的狀態，就很難做好任何事。

回想一下你上次在某個比賽或是測驗中大有斬獲，為何那時你的表現比平常更好？曾有位學者提出他的「耶基斯—多德森定律」（參考下頁圖表），發現如果是簡單的工作，只要被刺激或感受壓力的狀態不斷提高，最後表現就會達到巔峰。然而，稍微困難的工作，就不宜過多或過強的刺激，如此一來反而會影響表現。因為過度興奮反而使注意力無法集中，導致因為「壓力山大」，使得令工作能力急遽下降，因此刺激或感受壓力的範圍需要拿捏得宜。

■ 耶基斯—多德森定律

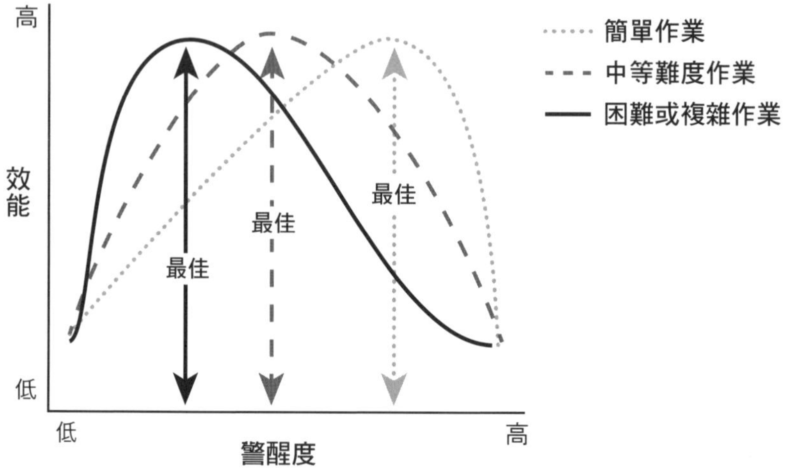

刺激與壓力是兩面刃，有時候過度的刺激反而可能影響孩子的表現。

群體間競合關係也是學習的重要關鍵

猶記得前面提過，同儕在學習過程中是很重要的嗎？同儕效應不只是互相學習或引導而已，當他人在場時，我們可能會表現得更好，這是群體互動與關注下產生的社會助長現象。

一般而言，交流與溝通的確能提高同學間的興奮狀態，使人們更專注與環境中與其他角色的互動，因此能吸收更多資訊並利用它們來做得更好。這類的研究對後續教學模式產生了某些啟發，使得教學端除了強化實境教學外，也能安排學生進行社交活動或是課堂上的分組報告等，來強化學習的效果。

這裡我們也回應前一段爸爸媽媽們最愛詢問的，為何他們的孩子只要回到書桌學習，多半成為死魚一條。這是因為孩子們不但感受不到學習的生氣活力外，還經常處在「孤軍奮戰」的狀態。所以，我常常建議爸爸媽媽們，即是「身教重於言教」：如果我們試著跟孩子們一起前進到書桌旁，爸媽也拿起自己的書籍，或是也在一旁完成「爸媽的課業」，這樣對孩子們的感受，彷彿有個大朋友與他有志一同，或許他也會試著放手一博去達成目標。

當然，還有另一種方案更契合我們的主題，相信家長們更樂於操作，就是把孩子送到大班教學的場域，不僅有專業的師資可以給孩子們支援，還有一群嘗試著相同科目或操作相同練習的同伴們。我第一次看到自己的孩子主動要求寫完習作的練習題，也是他自己埋著頭嘟囔：其他班上同學都說今天一定要完成！所以他也得跟上腳步完成。

這種同儕之間的競合關係，不論是成功祕訣互相交流，或者是不想掉隊的「不服輸」心態，都歸結於人類是一種群居動物的本質。僅有少數人能夠堅持離群索居，所以，我們總是在意著自己在群體中的定位與評價。

■大谷翔平也受益於同儕影響

對於同儕的影響，不得不提大谷翔平。多數人可能對這個例子很驚訝，那可是世界的大谷，全大聯盟沒有幾個人可以在這麼年輕的時候，就達到這樣的成就。身兼投手與打擊「二刀流」，且兩種身分都躋身美國大聯盟前十評價，大谷是受同儕的影響？不可能吧？前一位大聯盟成功二刀流，貝比魯斯已是上世紀的球員，更何況，大谷可是一個球季就開轟與盜壘五十以上的選手呢！

但大谷自己就表示過，他之所以能從一個記者眼中的高中生水平，成為現在 MLB 最高薪，主要還是受益於 MLB 的訓練模式以及同儕的競爭壓力。他觀察隊友，也不斷花時間跟教練請益，思考如何才能持續進化，並且利用 MLB 大量的黑科技，逐漸發現他有相當多的進步空間！

原來即便是如同瑰玉般的大谷，也是需要同儕，才能將表面的雜質去蕪存菁，顯露出最有價值的一面！

學習策略 » 給學不會的孩子

- 預習可以作為學習的基礎，正式學習時就是「重現」。
- 多元的立體 3D 學習，讓重現過程更生動。
- 勝負心亦是激發動力的方法。

觀察學習四關鍵：動機

促進學習的興奮感超重要

那學習會讓人興奮嗎？所謂學習的興奮感，多半是對內容感到好奇，而不是單純生理上的興奮。這個機制與一般生理興奮的形成機制不同，生理上的興奮乃歸因於杏仁核活躍，並與情緒記憶之間呈現正相關，但是和興趣、好奇心相關的記憶則沒有這種連動。即便如此，由好奇心引起的興奮感，仍是很好的學習驅動力。

但這種興奮，如同前文「耶基斯—多德森定律」提及的，物極必反。當我們感受到的興奮感過於強烈時，高度焦慮可能會隨之而來。就算是本來應有的興奮刺激，也會反過來嚴重影響學習，這是因為焦慮會導致前額葉皮質刻意過度調控本來自動化的行為。

另外，焦慮還會影響前額葉皮質的功能，而消耗了腦內的認知資源。舉棒球比賽當作例子吧，從以前到現在，台灣就是瘋棒球，球迷常問：在自己的家鄉辦理國際錦標賽，我們的選手會不會更容易拿冠軍？我會告訴你，一半一半！當我們的選手們跋涉千里到外地，吃著不熟悉的伙食，同時又承受著時差的折磨時，在這種情形下比賽，絕對是家鄉主場更具優勢。

然而，台灣偏偏全民瘋棒球，棒球熱季時，連在小吃攤也能聽到市井小民們分析各種投打策略。因此，縱使在家鄉比賽能夠獲得更佳後勤補給，站上場的壓力卻遠遠超過其他常規賽事！曾聽過一個王牌投手的真實訪談，他說自己有次為國家出賽，在全民矚目的國家級場地登板，一時之間竟無法回神，當下出現投手失憶症而屢屢暴投！

加強學習效能的輔助手段

那興趣被誘發或是動機增強就足夠嗎？學習可沒如此單純！我們還需要善用某些技巧。例如，要如何將龐雜的訊息如報刊文章內容、電影情節、各種數學定理、朋友的喜好等通通記住呢？記憶的關鍵就在於，在對的時間想起對的資訊！有種較為特殊的方式，我們稱之為「生成效應」。**生成效應能改善記住資訊的能力，而且它可以廣泛運用在各個領域上。**你一定去過考前的補習班或是拿過必考祕笈，最喜歡就是上面直接標注密密麻麻的記憶「口訣」。考前臨時抱佛腳，假使有著這樣的「通關寶鑑」，一定能在短時間內記起瑣碎的資訊，這就是生成效應的應用。

生成效應有兩個操作重點，分別是：**第一，讓學生自己想起需要記憶的資訊；第二，利用分段練習記憶。**比如說，我們可以使用延伸練習策略要求學生每次練習時，除了要記得舊內容外，同時記住少量新內容。

■ 自我解釋的應用

還有一個我也認為很有趣的學習加強方式，那就是「自我解釋」。自我解釋其實是一個建構的過程，讓人從眼前現有的資訊發掘出更多的知識。這個模式有點類似成熟化的「想像遊戲策略」，我也常常把它稱之為「自我內化」。

自我解釋者通常會觀察自己的理解過程，並建立自己能夠理解和遵循的知識架構。他們會注意自己是否理解某個句子、圖像在整體脈絡中的意義。早期的研究指出，自我解釋者閱讀文本時，認為自己理解有誤的次數，竟然比低效讀者多了數次。這不是善用自我解釋者的理解能力較差，而是他們注意到低效讀者沒有注意的細節，於是他們在閱讀的過程中會不斷問自己，要如何將目前的內容與之前的連結。因此，當他們意識到自己的理解並不完整或全面時，就能夠主動補足不理解的地方。

我們又可以這樣說，自我解釋是一種後設認知，具備觀察和調整自己思考方式的能力，這種能力能夠審視自己的思考流程並且合理化。這也牽涉心理學上所謂的「心智模型」。心智模型即是每個人根據自己對世界的認識而建構的內在模型，也是人們解決問題時內在思考和運作的方式。

在學習的進程中，自我解釋通常可以如何應用呢？舉個實例給大家參考。

早期的中學地理學科考試，特別喜歡命題如何從甲地的大城市，利用既有的交通網絡，將貨物運送到乙地。這個看似是地理常識的考題，卻建立在你我曾經生活在這些城市的假想上。然而，對於多數學生而言，這些城市多半未曾到訪過，所以絕不可能僅僅善用生活經驗，直覺地勾勒出這類題目的答案。

因此，學生們需要先將地理課本上面關於這類交通的資訊，完整地鋪陳在自己的腦海中，接著開始想像自己是生活在這個區域或是來到這個區域的旅人，並按照書上僅有的資訊（縱使書上從未呈現過真實的火車與機船時刻表），自己憑空想像在哪個可能的轉運站轉乘不同線路，再利用交通工具的時速或是其他情資，換算出所需要的時間長短。

曾有個高中生告訴我，他在某次期末考回答這類問題時，百思不解如何成功串接正確的交通網絡，因為單獨根據地理課本上面的知識，他將無法使用並完成大眾交通工具連結。於是他自創了在某個城市下車後，直接呼叫小黃，搭乘計程車前往另一條路線的火車路線起點。後來公布期末成績時，命題老師也發現了這個致命的錯誤，所以全校學生都不計分，反倒是他那個極具創意的答案，老師們十分激賞，幫他另行加分！

這就是自我解釋的良好運用。

學習策略 ≫ 給學不會的孩子

- 因好奇心而引起的動機，是很好的學習驅動力。
- 自我解釋讓孩子自動挖掘更多訊息

觀察學習四關鍵：動機

好的規範＋內容拆解＝刺激學習動機

學習的規範就好比社會規範，如果社會規範像把社會上眾人框在一起的線，若是基礎教育就有義務為學生引進學習該有的規範。尤其是我們的孩子，當他們從幼兒園進到國小時，小一上的老師經常需要花更多時間，慢慢讓孩子們熟悉課室規則。

這類規則亦適用於學習的過程，通過觀察並模仿他人的言行，這種行為可能會得到包含獎勵在內的回饋，而不遵守者則有相應的懲罰等。專業學習領域都有些比較獨特而細微的規範，如果不是領域內的參與者，要靠一己之力發現其中的特定規範可能並不容易，所以更需要某些專家或老師列出領域內需要遵循的規範，讓領域內的學習更加方便。即使是相對初級的國小生學習，也都需要特定的規範，而當我們的孩子無法適應規範時，就不容易達到學習的成效。

■ 除了範例，更需要應用拆解法

有效的範例教學，可以減少令人分心的複雜理論內容，降低不相干的腦內認知負荷，讓人更專注於每個步驟的重點。若你曾有過試圖尋找組裝各項零件的困擾，或許可以找一份 IKEA 家具組裝說明書參考看看，你會發現 IKEA 設計的說明書，有效降低了不同語言者的互通門檻，即是相當良好的範例。

除了建立良好的範例外，教學端還有幾件事需要注意，**①遵循基礎設計原則，②設立以範例學習為主軸的教學內容，③適度拆解內容。**

關於①的基礎設計原則，就是在教學中減少誤解並提高效率，我們要注意的是，範例應可供操作，並且能讓所有學習者立刻進入情境。

至於②設計教學活動的重點，通常在範例學習中亦會加入新問題讓學生解決。例如在範例後附上類似的題目，這樣學生會更有動力學習範例，因為他們知道馬上就要解決類似問題。而且看完範例後解題，可以加深學生對範例的記憶。有時在教學中也要特別引導，例如提醒他們可以問自己假設性的問題，藉此判斷學生是否理解內容。範例教學的內容若主要是操作性程序而非概念知識，那學習者還需要測試自己是否了解程序的意義，否則學生可能也不明白課程所解釋的內容。

而③拆解內容的目的則是希望學生能夠善於應變問題，因此在學習過程中就應提供適度變化。我們可分段拆解過程，讓學生們更加理解每個步驟意義，且利用不同的範例學習或逐漸減少範例學習的協助，又或者獎勵少看範例的人等等，協助學生們真正內化成專屬於他們的知識。

你教過孩子們綁鞋帶嗎？很多小朋友沒辦法一次學會，所以我們可以拆解成好幾個步驟，有時候讓小朋友學習前段，有時候則是學習後段、等到時機成熟，就能將所有步驟連結起來，完成自己徒手綁鞋帶的任務。

■ 奧運代表隊也使用的拆解法

良好的學習範例與拆解練習的魔力適用在任何學習的場域，從綁鞋帶到射箭練習都可運用。例如南韓射箭隊就是運用這種方式來練習，使隊員幾乎可以適應所有的比賽場地，除了每天練習發射的箭數超過四百發外，他們也經常移地練習。

這些場地包括：嘈雜的棒球場，讓隊員即使身在超級吵的汽笛喇叭加油聲中，或是有吉祥物在旁邊干擾，也能不被動搖。為了訓練膽量，也會讓射箭隊國手和海軍陸戰隊一起在深夜前往公墓進行膽識訓練。另外像是爬山鍛練耐力、高空彈跳、讓蟒蛇爬過手臂等，來控制射箭時的緊張情緒。除了場地，還有選手失誤射出低分時，觀眾發出的噓聲、媒體拿大砲相機發出的喀嚓喀嚓快門音、市中心的鳥叫聲等，都會在現場練習時，突襲式地播放。

南韓射箭隊拆解所有比賽可能狀況的方式，就類似老師們用分段的步驟，讓學生適應各種新技能的學習，這便是教學時運用良好學習範例與拆解練習的魔力。

■問題導向模式讓孩子學得更深

現今臨床學習中有個顯學，我們稱之為「問題導向模式」。在之前的段落我們曾提及臨床與學校端的學用落差，於是一九六〇年代，有一群歐美醫學院的老師，就開始利用這些現實世界的問題，直接融入基礎醫學的教育中。

利用複雜的臨床問題訓練學生運用解決問題的技巧，首先要將大目標切割成幾個小目標等。例如，在園遊會擺攤是大目標，而小目標就是計算開銷和預估收入等。目標拆解與合作學習相輔相成，將大目標分成小目標後，組內成員就能分工合作，並在過程中學習溝通協調，下一步就是針對問題去調整。

■問題導向讓學習更真實具體

現今社會的許多重要能力都與問題導向有關，包括制定問題、評估問題、批判思考、尋求回饋等。而在問題主導學習歷程中，**問對需要解決的主要問題**很重要。但哪種問題才算問對且是好問題？良好的問題結構會有明確的目標和達成目標應該採取的步驟。有些時候，只要依循步驟就能找到正確答案。因此，好的問題不見得是完全「真實」的問題，而是必須有教育目標性。

傳統醫學訓練通常有三到四年的課程，教授各門基礎科學，如解剖學、病理學和有機化學等，之後再進入正式臨床教學。至於問題導向模式則打從一開始就融合各門學科，以個案分析的方式學習醫生執業時的判斷、思考方式。

老師們讓學生在小組中彼此討論，用先備知識判斷問題出在哪裡並提出假設。他們也要指出自己不了解的地方，並在師長的引導下，設定學習目標。之後他們要搜集資料，嘗試解決這個問題，並在會議中討論學習成果，修正假設。有時候這個模式會循環數次，最後才回顧整個學習歷程。

在問題導向過程中，老師的角色是引導學生透過探索、評量、整理的方式來獲得知識。老師常以示範學習和推理的策略帶動，但也必須給學生足夠機會練習。好老師可以在對的時間問對的問題，例如，在學生提出想法後，請他提出理論支持自己的觀點，且老師也可以補充其他問題或資訊，以免學生錯過重點。這真的是「好的老師帶你上天堂」！

這類的問題導向教學法，近年來也逐步影響到不同的學習領域，無論是中學生的專題實作，或者是小學生的生活體驗課程，我們都慢慢地看到了這類教學法的實務應用。

■ 幫助孩子的「刻意練習」

人們普遍以為，專家是靠天分獲得傑出成就。事實上，**專家和其他人的差異在於，他們花了更多更多的時間進行「刻意練習」**。多數學習必須經過強度頗高的刻意練習，唯有如此，才能將我們的反應標準化。

刻意練習的最有名例子，應該是空靈的圍棋女神黑嘉嘉。黑嘉嘉是台灣段位最高的女棋士，也曾在女子世界賽中拿到亞軍。但其實她不只學過圍棋，也練習過體操、鋼琴、琵琶、芭蕾舞等，小學還曾加入游泳校隊。

她十四歲考上職業棋士，最初緣起於五歲那年，媽媽買了五子棋回家，黑嘉嘉打敗了全家人，吵著想去外面上課。母親打聽後發現，沒有人教五子棋，只有圍棋教室，便幫她報名，而黑嘉嘉則被圍棋的變化無窮深深吸引。

黑嘉嘉十一歲那年，全家搬到美國，沒了圍棋教室和老師，也失去了學棋的環境。她把握每天下午兩點半放學後的時間，上網練棋。兩年後，從網路六段升到九段，是相當顯著的進步。我曾經看過黑嘉嘉的訪談，我發現她的練習時間相當長，一方面她很熱愛，一方面她有著不服輸精益求精的精神，這一點，將刻意練習的力道發揮到極致。圍棋雖說有許多戰術法則，但很多時候，棋手落子由於有時間限制，當下的靈感還是最重要的。這時候，練習量的多寡就會決定成敗。

至於黑嘉嘉為什麼不會對練習或比賽感到苦惱，則在於她總是抱持平常心。即使面對勝多敗少、實力堅強的世界級棋手，黑嘉嘉依然懷著向高手學習的心態。她曾說：「圍棋要不斷面對輸贏，若很在乎，會很痛苦。」對弈結束之後，雙方會將棋路重擺一遍，檢視各自犯下的錯誤，稱為「覆盤」。如果沒辦法放下輸贏，覆盤就會變成痛苦的來源而無從學習。因此，能放下輸贏的感覺，認真檢討覆盤後得來的資訊，就是最佳的刻意練習！

過度強調固定式練習，恐影響孩子的適應性

其實我們每個人都做過這種刻意練習。例如會開車的人可以回想看看，剛開始學開車時，可能得把每個步驟說出來，或在腦海裡默念所有步驟。但是久了以後就會進入自動化階段：不用再刻意提醒自己步驟順序，只需要想起換檔，就可以做出這一連串動作。這種自動化模式，也出現在你每天最熟悉的公事簽名上，只要遞給你文件，一旦發現上面有簽名的欄位，你就不假思索大筆一揮，總是快速地完成自己的簽名，但若是簽名時中途被人打斷，反而會忘記如何繼續操作。

人體腦部運用最為省力的方式，就是將經常使用或是反覆練習的資訊，建構成一種模板，一旦「啟動點」出現，就好似喚醒內部的公式般，整個流程在無需意識辨認的情況下，即能快速完成。要能達到這種精熟的境界，起步都是刻意練習。適當的練習能將不是常規的困難問題，變成常規的簡單問題。換句話說，重視效率的練習將導致以「簡化問題」為目標，而不深究處理問題。

透過不斷練習和熟悉，可把生活中的許多事務變成常規問題，的確能高效

解決很多事情。但要注意，固定型的知識並不一定適用於變化性較大的問題。在多變的環境下，人們難以僅應用固定型的知識，所以，我們更要**讓孩子們從小培養適應性專長**。

教學端設計教學環境時也要注意，首先降低挫折感對自尊的威脅，使孩子們不會逃避練習；其次是創造持續多變化的學習環境，讓孩子們學習解決新問題；最後是建立長期創新的學習氛圍，不要只做短線。這些作法的確不容易，畢竟壓力不僅僅在孩子們身上，也在我們這些教學者或家長身上。

學習策略 ≫ 給學不會的孩子

- 刻意練習有用，但必須注意難易度對孩子自尊的威脅。
- 良好的範例教學會拆解步驟，讓學習者掌握重點，避免分心。

潛力比資優更重要

除了各式各樣的學習困境外，相信家長們一定也對「資優」有興趣。所謂的資優生實際上包含了一般智能、學術性向、藝術才能、創造能力、領導才能與其他特殊才能等六種面向。

國小階段的資優班主要招收一般智能資優生，是指在記憶、理解、分析、綜合、推理、評鑑等方面，比同齡同學表現更好的孩子，最常見的便是所謂的數理資優班；而國高中階段則為學術性向資優生，是指在語文、數學、社會或自然等學術領域表現較同齡同學傑出的孩子。

■ 績優≠資優；資優≠績優

然而，資優不一定等於績優，許多的家長或甚至老師們，都會期待資優生必然績優，或甚至將成績優良的同學直接當成資優生的候選人，這都屬於錯誤的迷思。**成績僅僅是一種評量方法，而孩子們內在的潛力，是無法單純使用成績衡量的。**

另外，資優生可在任何一種領域有驚人的潛質。舉例來說，我們的羽球精靈戴資穎，不僅在國小時期就嶄露出異於其他羽球選手的天賦，更在國中時期就已經越齡挑戰高中組羽球選手，這就是我們所謂的「體優生」。

資優生雖有明確的天分，但如無後天持續的努力，也不一定能夠維持固定的優勢。這就是為何不能只看成績表現說明資優，否則戴資穎即使有這種先天基礎，也不能掛保證每次穩穩抱回所有冠軍吧！

兒童認知發展的四階段

那我們有機會開發或是察覺出孩子們的潛力嗎？學者皮亞傑曾將兒童認知發展分成四個階段：

感知動作期（0～2歲）：

約一歲時發展出「物體恆存性」的概念，以感覺、動作發揮個體基本的功能，並由本能的反射動作過渡到目的性的活動。所以我們說兩歲前的孩子很「直覺性」，他們對應周遭事物往往是類似本能反應，以符合生理需求。

前運思期（2～7歲）：

已能使用語言及符號等標注外在事物，但不具恆常概念或不理解何謂可逆性，以自我為中心，能思考但常不合邏輯，不能看見事物全面性。兩歲後孩子開始注意到語言與符號的神奇魔力，並嘗試開始運用這些工具，然而對於初學者而言，語言邏輯或是思考邏輯仍屬於高段應用，必須一步步堆砌方能進階。

具體運思期（7～11歲）：

能根據具體經驗思考並解決問題，且能使用具體物件操作來協助思考，理解「可逆性」與「守恆」的道理。在熟悉了語言和思考這些工具後，這年紀的孩子也正好進入所謂的學齡階段，長時間與同儕的相處下，可以淬鍊出自身工具，以便運用得更加純熟。他們也於此時逐漸開展出邏輯力，但過於不具體或抽象意念等，仍是困難的挑戰。

形式運思期（11～16歲）：

開始會類推、有邏輯思考和抽象思考能力，並能按假設驗證的科學法則去思考解決問題。這是兒童認知的最後一張拼圖，生理上他們進入「轉大人」階段，心理上何嘗不是？這都是為了成年之後，因此必須讓所有的發展都能按部就班，完成一切準備，邁向成熟大人模式。

雖然孩子有個別年齡發展差異，但幾乎所有孩子的發展順序都是不變的。

■根據心智發展來引導學習才有用

為了成功引導孩子學習，我們必須同時顧及孩子們的心理成熟狀態。

當孩子在學齡前的早期階段時，主要重點在於持續探索。孩子此時已經歷過感知動作期的發展，除了能依本能反映出自身的情緒外，更重要的是在2∼3歲後，他們也逐漸掌握語言及簡易符號等，所以身為家長的我們，可採取多感官統合的刺激模式，協助孩子們感受學習的熱情。例如使用手作遊戲，不但有簡易的教學引導，更可讓孩子們動手操作各種素材；完成後也鼓勵孩子們運用肢體或口語等表達模式，適切地抒發自身情緒。從孩子們的反應，我們可以清楚看出他們對於學習的熱忱，特別是在這個階段，孩子相當需要家長手把手地共同參與，一起分享學習中的喜悅，家長也能更加掌握孩子們的秉性。

至於初踏入學齡期或於學齡前末段，也就是孩子逐漸由前運思期，蛻變到具體運思期時，這時的孩子對於簡易語言以及符號工具，大多已駕輕就熟，所以通常在大班時，多數幼兒園就會讓孩子們做簡單的思辨，模擬各式生活中的情境、考驗孩子們的臨場反應與邏輯思維等。如果發現孩子仍無法顧及事物的全面性，而是僅以眼前所見，完成簡短回應，這並不要緊，因為任何人都須經歷試誤學習。

慢慢延展到學齡期前段，會發現孩子們的思考漸漸成熟，或是能舉一反三，利用先前經驗或所見所聞，並使用具體流程來回答問題或面對困境。這個年齡段的孩子，慢慢地會找到專屬於自己的解題模式，且善用自己喜愛的工具，完成一個接一個的挑戰。所以家長們千萬別忘記時時督促孩子們思考，讓他們的大腦時常處於頻繁練習的狀態。學而不思則罔，他們的確需要適時反芻自己累積的知識，方能感受到學習的魔力。

■ 越大越不受控時更需要「好顧問」

不少爸媽跟我提及，孩子們進入中高年級後，就好似逐漸脫韁的野馬般，漸漸不受控制。這是一個必然的趨勢，中年級的孩子如果能夠穩定沉浸於學習的汪洋中，他們會逐步開始享受自我選擇教材的樂趣。

我看過很多家長，處心積慮地要求中高年級的孩子們，接受父母親精選後適合「餵養」的教材，且抱怨孩子們越來越不聽話！事實上，當孩子們漸漸從具體運思期前進到形式運思期，他們會有越來越多的自主想法，這些是他們要邁向青春期的先期指標，生理發育亦同時有思想變化在前端引導，而我們應積極協助的，反倒是**從主導者華麗轉身為協同者**！這點對於大多數的家長來說都無法瞬間適應，甚至有更多家長緬懷起孩子們小時候聽話的模樣。

其實，孩子們當然需要我們的持續協助，只不過我們應當調整成為他們**「學習中的顧問」，亦即有問有答，且適時關心與同理他們的選擇**，這樣他們才能不斷地與我們分享學習歷程，擔任亦師亦友的角色。

國中時期將邁入基礎教育的最後階段，在國中的後段，不少孩子於繁重的課業中載浮載沉，卻鮮少思考未來進入高中後，所應發展的主要專長。高中的學習雖屬於適性發展，但我們仍應強化「刻意練習」的觀念，告知他們，無論是何種專業學習，惟勤天下無難事！

這兩個階段，對於親子關係將是莫大的考驗，許多的家長都無法順利招架，更有為數不少者直接放棄溝通。其實只要我們拿出誠意，減少以上對下的威權式教導，多數孩子表面上不以為然，仍然或多或少會於心中默默接受。只是他們在這個時期，不善於對父母做出適當的表達。我們也可以請他們熟悉且年齡接近的大哥哥大姊姊等，以他們自身的經驗與孩子們分享，相信會收到孩子們更多不同的反饋。

學習策略》給學不會的孩子

- 帶領孩子完成挑戰，讓大腦經常處於練習狀態，終會找到專屬的解題方式。
- 隨著孩子的成長，父母應從學習的主導者轉為協同者。
- 面對國高中的孩子，更要減少上對下的權威式教導。

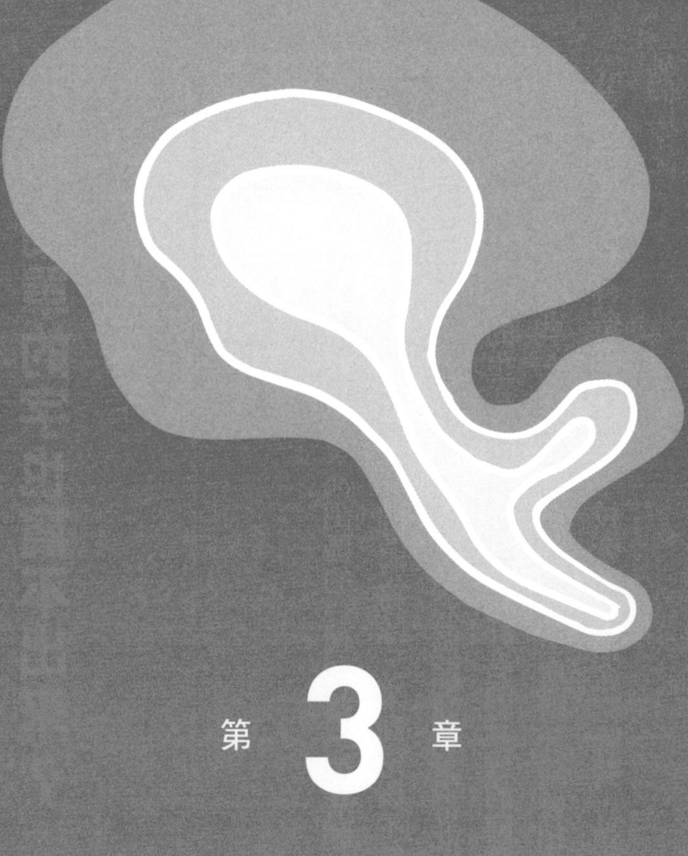

第 3 章

孩子還是學不會嗎？

我們總以為孩子是不專心、不配合、不用心，
忽略許多孩子其實是處於「想做卻做不到」的學習困境中。
我整理出門診中孩子最常遇到的 15 種學習困難，
請觀察他們在聽、說、讀、寫、算等各面向，
或許他們需要的是家長更多的理解與應變作法。

可能是閱讀困難

一個簡單的字也寫不出來？

第一次見到阿雅，是在東部山區的一個部落，帶著靦腆的笑容，躲在許老師的身後。那一年我們學校的社團服務隊，來到這個不算太「偏遠」的小村莊，許老師是這所小學的教務主任，貼心照顧我們這群北台灣的大學生們，生怕我們不適應當地的生活。而經常跟在許老師身後的阿雅，則是他班上的孩子，爸媽在北部上班，留下她跟弟弟兩人，與阿公阿嬤相依為命。只要不忙，許老師賢伉儷都會留下阿雅在學校旁邊的宿舍吃晚餐，做完學校作業後，再送她回家。

當許老師得知我是兒童神經科醫師，立刻露出殷切的表情說：「翁醫師，阿雅現在三年級了，其實她滿熱愛學習的，也不是好動的孩子。但是，我從低年級開始觀察她，她學習上面一直有狀況，總是學不會，特別是國語跟數學的部分，您看看，是不是智商有問題呢？需不需要檢查一下？」

你不會寫自己的名字？

那幾天我稍稍觀察了她，事實上，阿雅並不太像是有智能障礙的孩子。

首先，我見她跟社團的大孩子們相處融洽，除了第一天稍有怕生的情形，很快地就跟著他們忙上忙下。其次，阿雅除了愛當小幫手，手也相當巧，我們進行育樂營的第二天，她就拿來一堆繡上原住民圖騰的小包，送給營隊的大姊姊們。起初大家還以為是她阿嬤的手工藝品，後來才知道，竟然都是阿雅親手編織的。正如許老師所說，她似乎學習狀況不佳，自己的名字想了許久，寫出來還是常常有錯字。這種情況發生在這麼貼心的女孩身上，也難怪許老師憂心不已。

那一次我手邊正好攜帶著簡易的符號卡片，因此跟阿雅玩起了辨識符號的遊戲。如我所料，阿雅在國字的「部件」或「部首」以及英文或數字的「符號」辨識方面，都顯示出明顯的困難，是典型的閱讀困難。我將我的發現告訴了許老師，他才恍然大悟，難怪阿雅很不喜歡寫語文作業。由於這個閱讀困難，讓她對國語失去信心，一點都沒有成就感。

兒童腦神經學博士這樣說

從最小的符號開始練習，改善閱讀困難

中文字是符號，部首也是符號，符號可以由更小的符號構成，最後的單位就是那一撇一捺。我們從孩提時代的仿畫開始，學著大人一筆一劃勾勒這個世界。不妨想像揣摩這群閱讀困難的孩子，就是在筆劃中堆疊出部首或是部件時，產生了無法精準學習的困擾。所以，我們可以這樣做：

1. 讓孩子們重新認識部首／部件，尤其是幫助孩子理解「部首／部件」最初六書的意義。

2. 蒐集並同時學習相同部首／部件的生字，加深孩子們對其的敏銳度。

3. 藉由部首／部件的抽換遊戲，讓孩子逐步了解部首／部件即文字的靈魂關鍵。

特別在此推薦李雪娥老師的《有生命的漢字》，在這本書中，雪娥老師利用了她所開發的「部首／部件教學法」。無論是父母或是第一線的特教老師，都能快速掌握部首／部件的涵意精髓，雪娥老師也不定期開班授課並分享教學經驗。

寫字又亂又醜，就是改不了

可能是 書寫困難①

還記得某年春節前一週，里民活動中心邀請了一位大師來揮毫。看著那些「龍飛鳳舞」的字跡躍然紙上，我正出神時，突然間一個熟悉的聲音叫住我：「翁醫師，您也來拿春聯？」

其實我自己是不貼春聯的，倒是喜歡拿個「滿」字或是「福」字。所以我答：「曾太太，您好，我只是路過。」

「您也鑽研書法嗎？我看你觀察入微呢！」

「我是啊！我的日常生活就是鑽研『書法』呢，孩子們的書法……」

「孩子們的？現在哪裡還有人練書法？您在哪裡教，我可以去觀摩嗎？」

我促狹地笑了幾聲，「開玩笑的，我每週的診間，都會來幾個書寫困難的孩子，看著他們的作業本，我都想像自己是在面對未來的『草書』大師，才能夠冷靜地面對跟分析他們的狀況！」

「對了，這樣我有印象了，我大兒子幾年前國小的時候，也去過您那邊『報到』，就是那個字真的像狗啃的，而且老是寫錯字。」

「上國中了吧？現在狀況如何呢？」

「您那時說讓他多學習鍵盤輸入，後來他就開始比較有信心，雖然手寫的時候仍然很糟糕，他卻跟我說，同學現在也都使用3C產品，反正現在好好寫字的人也不多了……」

這的確是個奇特的趨勢，到底是進化還是退化，我也說不上來。唯一的好處正如曾太太說的，某些書寫困難的學生，減少了這些比較，至少壓力紓解了不少。即便如此，我們仍會建議學生有空多多練習手寫。

基本上，書寫困難有兩大類，一類會影響「讀」與「寫」（閱讀困難），這類的孩子比較辛苦，即使能使用3C產品輔助書寫的部分，仍舊無法改善閱讀的理解能力。另一類僅僅影響「寫」，曾太太的大兒子屬於這種。他來門診的時候已經是高年級，合併一些續發性情緒管理異常，經過我們的心理師諮商開導，再由職能治療師的協助，半年療程結束後就穩定許多。

■漢字真的不簡單

然而，中文字體的書寫困難，與歐美的拉丁語系不盡相同。華語文學者對於這部分研究較少，日本的學者反而有些深入的探討。他們曾經分析過一些腦傷造成書寫困難的成年個案，研究發現，書寫「平假名」或「片假名」這類拼音系統受影響的患者，與「漢字」書寫受影響的病患，雖然腦部受傷的區塊都在右頂葉，位置卻不一樣。因此，他們認為，這兩種表達方式，來自不同的神經路徑；同時，書寫「漢字」需要更多的「筆畫記憶」，講白一點，就是更多的手部動作記憶。所以針對這些病患復健的療程，加入更多手部動作的元素，將能加速他們神經受損區域的復原狀況。

罰寫也不會變好

但是，對於書寫困難的孩子，持續要他們書寫練習，也能達到手部動作記憶增強然後就治療成功嗎？情況恰恰相反。如果是中風或是腦傷的個案，他們原有留存的動作記憶或許會因為這樣書寫刺激模式，得到相對的「回復」，卻不能套用在書寫困難的孩子身上。

書寫困難的孩子原生能力並沒有相對應的正常輸出模式，因此過多的書寫練習，非但不會激發他們「回復」任何功能，反倒是一種折磨！近年來，我經常在國中小學校校園或是大學端的特教系等主動宣傳這個概念，要知道過往動輒處罰一、兩百遍抄寫的作業，特別是針對那些看起來「懶散的孩子」，或許有一部分正是我們所謂的「書寫困難」！

學齡前就加強會比較好嗎？

講到這裡，或許家長會好奇，學習障礙可不可以越早診斷越好？這樣就不用到學業跟不上時才手忙腳亂，不是嗎？但學習障礙是難以早期發現的，因為學習障礙者的顯著困難是在聽、說、讀、寫、算方面，這要到進入國小一年級有課業後，才比較容易被發現出來，學齡前的學障兒童僅會有一些徵兆。

有部分孩子學齡前會被發現動作協調差（學穿衣物鞋襪有困難、用雙手拍出節奏時混亂、時常跌倒與碰撞物件）、不易聽懂別人的話、視或聽覺區辨能力弱、行為上易挫折、不易專心、衝動。

因為「聽、說」本就是「讀、寫」的前奏，語言上會注意到他們無法牢記已認識的物件名稱、較遲才能用完整語句表達意思、語音能力弱或不能牢記童謠等。但即便如此，學齡前有些這類型特徵的孩子，進入國小學習後也可能完全沒問題，因此這類的前驅指標很難有參考價值。很多家長問，是否我們在幼兒園先啟動學習，就能降低或避免學習障礙的產生？

答案是令人感到挫折的，即使提早於幼兒園介入國語文學習，仍無法保證他們的學習狀況就能穩定或是超前。況且學習困難不一定僅限於國語文能力上，他們可能是在別的方面（如數學或英文等）方面出現問題，因此僅僅先學習國語文或是注音拼讀，也不一定會有成效。

善用科技協助孩子，把書寫變簡單

我家的孩子究竟是「不能」還是「不為」？的確，若是孩子僅僅疏於練習或是心裡抗拒，這樣的書寫困難一點都不「困難」！只要他能夠配合少數的簡單練習，就能對書寫輕易上手。

然而，對於真實的書寫困難孩子，現今的科技有機會嘉惠這群學子。國內有不少學者，如特教領域陳東甫老師，利用他所開發的「國字語詞語音合成學習系統」，讓孩子們做書寫練習時，經由系統於文字不同區塊的上色練習，能讓孩子更有效率地辨識部首／部件，幫助孩子完成後續提取文字並書寫輸出的歷程。

如果你的孩子有遇上書寫的問題，建議可以：

1. 注意孩子書寫時的身心狀態，若是導因於手眼協調差或心理因素等，可諮商相關醫療服務予以確認。

2. 書寫好壞的根源，往往來自閱讀辨識力。辨識力不僅僅是單純的識讀，更重要的是能否穩定地從記憶中提取。聽寫測驗或是自發性書寫練習，就能看出端倪，也能藉此了解孩子的文字記憶模式。

3. 書寫可以是愉悅的，儘管傳統上書寫都與課業無法脫鉤，然而有些藝術性活動如書法或文字彩繪等，仍能讓孩子更易感受到文字的魔力，而非僅僅是知識面。對於這群孩子來說，也是一種親近文字的選項。

可能是書寫困難②

小孩也會「手眼不協調」？

有次幫忙我家孩子國小的交通安全導護，離去前，我向其中一位小隊長致意，沒想到他卻叫住我。

「翁醫師，我是小凱的爸爸啦！你認得出我嗎？」

小凱？我的小病友不太多，但要一時調出所有的資料，還真不是件容易的事。「您貴人多忘事啦！就是那個喜歡玩扯鈴的小凱，我們上次還帶著扯鈴到你診間的，不知道您的孩子也在這間國小啊！」

玩扯鈴的小凱？這樣說我就有印象了。猶記得小凱第一次來，背著一個斜背包，爸爸就說他離不開這個扯鈴，走到哪背到哪，只要有空就會拿出來耍弄。小凱那時已是三年級的孩子，從一年級下學期就加入學校的扯鈴隊！口罩下的小凱爸爸，加上導護志工的制服，我實在無法一眼認出他。

「真是巧啊！原來小凱參加的就是這裡的扯鈴隊，那很厲害耶！」

爸爸點點頭，「但是訓練很嚴格的，我本來以為這是個興趣罷了，沒想到他們幾乎天天練習。小凱的表現沒有很穩定，有時候教練認為他學得太慢，要他多多把握時間練習，所以他才到哪裡都背著扯鈴包。說實在的，教練曾經找過我，他知道小凱很認真，只是如果正式比賽或演出，他不一定能上場。小凱穩定度總是不夠，我也都尊重教練的決定，只不過會擔心小凱的反應。」

■ 寫字幹麼用刻的？

思索了一陣，在腦海中翻閱小凱的資料庫，的確，小凱是個書寫困難的孩子。第一次遇見小凱，發現他口條很流暢，跟我一問一答的，剎時間我還以為爸爸搞錯了，怎麼會說他有學習上的困擾？直到小凱拿起筆，開始書寫自己的名字時，我發現小凱握著原子筆的手總是像要刻字一般，費盡力氣地去「描繪」筆劃並且很使勁地「烙印」在紙上，寫不到幾個字，就頻頻喊手痠。寫字速度相當緩慢，我跟爸爸聊完好幾件事，小凱才勉強寫完自己的名字，甚至還回頭跟爸爸抱怨：「爸，你當初應該用國字『一二三』之類的取我的名字，我現在就不會那麼辛苦了！」

小凱爸爸特別跟我說明，扯鈴如果都是在繩子上滑行，小凱的表現其實還不錯。很可惜的是，扯鈴最重要的花式都跟拋接有關，只要有拋接動作，小凱的壓力就特別大。他常常自稱是「漏球王」，從小到大傳接球他總是接不著，沒想到來了扯鈴隊，漏接還是如影隨形，這也是教練無法信任他的原因。

我安慰爸爸，「其實我們都看到小凱的努力，爸爸你自己也說，小凱教練覺得他有進步，也願意給他更多的機會。小凱的書寫困難，也同樣根源於手眼協調性，造成小凱雖大致上明白考卷如何作答，卻無法控制書寫的品質與速度。幸好老師們發現這點，特別向教育局申請延長考試時間，否則小凱幾乎不可能完成考試。」

小凱也是書寫困難，但比較偏向所謂的周邊型。若是中樞型的書寫困難，則直接病因是來自於腦內的手寫動作迴路，也就是前文中特別講到，日文裡面假名或是漢字的輸出迴路。而這邊例子所提到的，有關於手眼協調性的部分，非但可能源自於中樞神經系統中的小腦或是基底核等位置，也有可能來自於周邊的肌肉運用不適當，或者是肌肉無法完成正確的動作等。

兒童腦神經學博士這樣說

球類運動都能促進手眼協調，但以桌球最優！

如果是訓練手眼協調性，除了扯鈴外，優先推薦的反而是桌球！雖說幾乎所有球類運動都能達成手眼協調訓練的效果，但是畢竟無論是較大的球或是扯鈴等，一旦漏接即有可能被砸到，桌球相對來說，傷害性較低。另一點就是，桌球操作所需的空間較小，不似多數球類運動需要大型的練習場地，桌球只要有球檯，單人亦可練習。且桌球輕，拍面角度會因為手腕的操作而異，練習起來也頗具技巧性。

其實從小正確使用湯匙刀叉，到學齡時期開始使用筷子等，本來就是手部小肌肉的一種練習。父母不是要當「矯正姿勢魔人」，但若孩子明顯無法學會使用這類進食工具，更應確認其成因，或是可就教於職能治療師等專業人員。

另外，很多美勞的工具，例如剪刀或者是小男生喜歡的螺絲起子等，都可以嘗試讓孩子在安全性無虞的狀態下操作。當然，普遍可見的小片拼圖或是樂高積木等也是相當好的選擇，既能寓教於樂，也同時完成精細動作的訓練。

協調性不僅涉及精細動作，粗大動作也別忘了，所以還是要讓孩子多些戶外活動。

可能是 注意力集中困難

上學就頭痛、待教室就想睡

談到注意力，我突然想到國強。國強自從小學三年級開始就是個拒學的孩子，他總是認為學校老師的課程很無聊，上課時也不願意靜下心來學習。媽媽一度幫他安排自學，也與他討論過各種課程安排，本以為這樣的模式可以讓他重拾學習動機，但試過了很多不同的課程組合後，發現國強都無法配合。所以媽媽在五年級的時候，幫他申請轉進某實驗國小。

據實驗小學的老師說，國強的學習狀況起起伏伏。學校的特教老師非常關注他，也協助他申請了特教服務，抽離出來做特定科目的個別指導，才這樣勉勉強強地進入國中就讀。

進入國中之後，國強持續接受學校安排的特教服務，卻總是在課堂上睡著。導師以及任課老師一開始還以為只是身體不適，不過由於發生得過於頻繁，讓國強媽媽一直接到導師的關切電話！我曾深刻感受過國強媽媽的巨大壓力，只要她一提到國強，幾乎無法與我靜心討論！

然而我也細數國強曾詢問過我的問題，並同她分享國強極富創意的某些想法，慢慢地勾起了國強媽媽比較久遠的記憶。她告訴我，國強剛上國小的時候，經常在起床後就喊頭痛，然後試探地問她能不能不要去上學？國強小時候總說，每次到了學校，老師講的話，他都聽不太懂，只能默默地看旁邊的同學翻到哪一頁。所以，他最喜歡週末了，因為可以不用上學！

於是我跟國強媽媽分析，國強應該是個學習困難的孩子，他拒學是因為無法融入到校內的學習環境，而不是真的沒興趣。

■ 無法融入學校環境，難怪會想睡

至於國中後常在課堂上睡著，則是他習慣晚睡，或可能沒怎麼睡的關係吧！因為他曾說夜深人靜時，可以探索自己最鍾意的課題，並用自己的方式學習！國強後來接受了我們臨床心理師的輔導，也開始告訴媽媽他喜歡什麼科目。他考上喜歡的高職後，漸漸融入資訊科的生活，似乎過得頗有朝氣，也很享受校園生活。

類似國強這種因學習困難而無法專注的個案，其實並不罕見。二戰抗德英雄邱吉爾，曾回顧自己國小時的導師評語，他的導師曾寫下自己一無是處、不知有何未來性等諸如此類的評語。很難想像，這些老師們對將來能於世界大戰號令全英軍民的領袖，竟留下如此的話語。

但實情是，邱吉爾在孩提時期，對多數學科皆不感興趣，唯一比較喜歡的，就是希臘文、歷史、地理等。他最喜歡從歷史的角度，比較今昔英國與歐洲發展的景況，即所謂鑑古而知今。他也喜歡繪製地圖，利用實際操作的方式，真正地學習地理。這些日後成就偉大領袖的特質，在邱吉爾讀中學的時候，被一位細心的老師察覺了，同時也改變了邱吉爾對學業的態度，讓他的學習終於漸入正軌。

不過邱吉爾也特別回想起，小學的時候，總在學校遭受挫折後，感覺益發無地自容。返家後，曾因對自己極度沒信心，心理影響生理，經常感覺頭暈、目眩、頭痛以及其他身體不適的症狀。他覺得自己被學校體系孤立，似乎總站在教室的角落，無法真正融入群體的生活。這與國強的遭遇是不是很像呢？

■藥物不一定有效

雖然目前醫學上的確有針對注意力不集中過動症，研發出可使用的藥物，如大家耳熟能詳的利他能或是專司達等，但臨床上使用的效果，卻仍須根據個案的反應來判斷。某些孩子用藥後可說是脫胎換骨、判若兩人；但也有為數不少的孩子，因副作用或是成效不佳等因素，而未有明顯改善。

其中對藥物成效不佳的相關個案中，有不少是跟記憶力問題有連動性。當記憶力出現異常時，無論是短期記憶或是長期記憶都會出問題，聽過或看過的東西不容易記住或回憶，當然就容易忘記已學的字詞。

另外，若將呈現和檢索資訊的時間延長時，其回憶量便會急速降低。會經常無法牢記長字串的字詞，記憶力與記憶策略也差，「後設認知能力」缺陷，將導致學業低成就，教科書的內容即使唸過一遍，還是不知道在講些什麼。

你的記憶需要好的睡眠

記憶到底如何形成的呢？人腦為了能將大量需要的資訊成功儲存在腦內，有個至關重要的步驟在前面章節提過，主要是在腦部中的「海馬迴」區域完成，我們稱其為「記憶固化」。如果我們好好地「固化」這些知識，在考試的時候，就能隨心所欲地「提取」出正確答案。

而這種天然的「記憶吐司」流程，除了原先的穩定功能外，通常需要充足的睡眠！有科學家發現，睡眠不足的時候海馬迴區域腦波中的高頻漣漪波會減少或甚至消失。而科學家早期發現這類高頻漣漪波，就與齧齒類動物的記憶固化流程相關。雖然人類的部分還無法完全證實，但從動物實驗同時也發現，睡眠不足的老鼠在學習的行為實驗中，會表現得較差。

兒童腦神經學博士這樣說

找到癥結點，才能做出最適合的選擇

專注力與記憶力，有諸多可能干擾的內在與外在因素。當出現這類情況時，我們可能要抽絲剝繭，才能針對確切的成因，做出協助孩子們的正確選擇：

孩子若是經由醫師診斷為「注意力不集中過動症」，且對於相關藥物的療效反應佳，當然是相對幸運。只要沒有不良的副作用，這類的孩子往往能迅速回歸學習常軌。

但是有許多孩子面對學習困難時，不一定能理解自身的狀況，反倒是容易以其他身心症狀，如頭痛或是拒學等，頻頻在校園環境中出狀況。這時候父母親更應細心體察孩子的問題癥結，而非過度嚴厲地責罵，方能有效引導孩子正確表述。

一般來說，除非孩子被確診為患有明顯的記憶力退化或缺失等疾病，否則孩子的記憶力不佳，通常與是否正常作息如睡眠，或是專注力干擾、心理情緒等因素較為相關。尤其是日常生活的作息，一般都與家庭的教養模式相關，換句話說，以身作則也很重要。家長若是經常作息不穩定，要求孩子正確作息就相當沒有說服力，這一點，也是身為家長最容易輕忽的。

樣樣正常唯獨記性差

可能是》記憶固化困難

記憶力除了會被睡眠品質干擾，也會因為其他的身體生理現象而受影響，明東就是一個經典例子。

明東的媽媽說，明東一個多月大時，爸爸還外派在日本，有一次他忽然間手腳有點抽動，於是請日本鄰居帶他們去醫院看兒科。兒科醫生為明東做完腦波檢查，一週後就開始給明東一些藥，吃了大約一年。

後來明東爸爸調回台灣前，曾讓明東再去看那個醫生，因為檢查結果好多了，所以明東兩歲後就沒再服藥。

然而，等到明東上小學的時候，因為學校學習狀況不佳，媽媽來到我的門診，描述了之前在日本的就醫史。為了謹慎起見，我幫明東安排了腦部核磁共振檢查。

「海馬迴」鈣化了？

「我看到在明東左側顳葉的部分」，我一邊指著電腦螢幕上的圖片，一邊跟明東媽媽解說：「就是這裡，媽媽您可以注意到有比較亮的區塊，放射科醫師研判可能有些鈣化，接近海馬迴附近。」

明東媽媽有點憂慮了起來：「這會很嚴重嗎？」

「這部分看起來面積不大，但可能是之前曾經受過傷或血管出血的痕跡，具體的時間很難推定。好消息是前陣子腦電圖正常且無放電，應可持續觀察這部分是否有變化，半年或一年後再追蹤。」

我接著詢問明東媽媽：「對於明東忘東忘西的某些行為，是真的這一、兩年才開始的嗎？」

「說實在的，我是覺得明東比起他哥哥，從小真的比較常右耳進左耳出，我認為他很不專心耶！所以我都常常要重複提醒他相同的事情。如果這樣算是忘東忘西的話，那也算是吧！」

明東的特殊案例給我們某些啟發，如果記憶力缺損發生在孩童時期，經常會被誤認為是不專心，因為多數人不認為如此年輕的大腦也會「失憶」或「遺忘」。因為**海馬迴負責大腦記憶的固化，有些短暫閃過的東西，當我們需要長久記起來時，就需要海馬迴協助**。

然而明東很有可能因小時候曾於日本被診斷過顳葉癲癇，位置或許相當靠近海馬迴的區域，導致那時雖穩定結束療程，海馬迴卻已受到某種程度的傷害。等到年齡漸長，尤其是學齡需要廣泛運用記憶力時，就被發現很健忘，也容易被誤認為不專心！

早療介入、特教教育，給孩子快樂學習的機會！

倘若是由於先前較嚴重的神經病變所造成、範圍較大的傷害，一般來說，越早的復健將越有機會降低腦部的傷害，或是重啟某些可能的大腦修復歷程。然而，時間一拉長，例如在幼兒園中班或大班後，就相對比較困難。

對於早期明顯的神經病變，目前國內已經有相對完整的早療系統，不但會施行評估確認孩子需要協助的面向，更會將孩子納入系統中，開始進行早期療育。這樣的協助是至為關鍵的。

如果是較小範圍的損傷，或是相對症狀不明確，甚至經評估後不太需要進入早療系統復健者，往往是屬於受損狀況比較輕微的。這群孩子可能到了學齡時期，由特教老師發現部分端倪，而開啟了所謂「特殊生的學習之路」。即使如此，也不用氣餒，這是因為學齡時期的學習認知負荷較大所造成。如果特教老師能運用正確的特教模式引導，這群孩子仍然有機會快樂學習與成長。

當然，多給予豐富的刺激，不管是學齡前所謂的「感覺統合訓練」，或是一直到學齡期孩童其實都適用。我們應當鼓勵孩子多方探索，生活中保持一顆好奇心，並且經由適當引導，參與各式各樣的課室內外活動，這樣就是最佳的認知刺激與訓練。如此或許也能夠漸進地強化認知與記憶力等。

數字順序都會記錯？

可能是程序記憶困難

記憶可以被海馬迴固化後成為長期記憶的形式，除了我們所熟知的人事時地物等，也有一些較為操作性的長期記憶，又稱為**程序記憶**。我家附近的一家玩具大批發店家，店主父子的經歷讓我印象深刻。

老闆：「好久不見呢！距離上次你來好幾年了，又是幫外國朋友的孩子找玩具嗎？」老闆真是好記性，當初我還在歐洲工作，那些白人同事們，說想看看有沒有「東方味」的玩具，請我回台灣的時候買過去。

我：「這次是幫我兒子問問新幹線的延伸軌道啦！」

「那個現在缺貨喔！我叫我兒子去地下室看看。」老闆一邊說一邊拿起無線電交代了幾句。

「那個小弟嗎？」我問。

「不小咧！統測的准考證好像都收到了！」

印象中個頭不高的小弟，原來已要上大學了！

隔了大約兩三分鐘，一位高大、皮膚黝黑的平頭男孩從地下室快步走上來，邊喊著：「老闆，還有一組，是這個吧？」他手上拿著我有點熟悉的盒子。

「不是跟你說編號473那組嗎？你怎麼又給我拿493？這個先生已經有493，他要的是延伸鐵道組！你就不能認真一點嗎？」

「底下的光線很昏暗啊！這兩盒有點像，我再去找一次。」

老闆一臉無奈，轉頭對我說：「我真拿他沒辦法，都幾歲了，每次數字都看錯，7跟9、3跟8，或是6跟9之類的，然後嘗試幾次幫我顧櫃台，連收銀機都打錯。我就要退休了，這家玩具行，看樣子以後是要找人頂，不然就要歇業了。」

注音符號、英文字母、數字統統都搞混

經常計算錯誤或是認錯符號？這激起了我的好奇心。老闆後來侃侃而談告訴我，這孩子從小就令他擔心，特別是對數字辨識相當糟糕，注音符號或是英文也有類似狀況。但是將數字搞混最為明顯，記了又忘，忘了再記，彷彿永遠在打轉。

一開始老闆認為自己做生意太忙，疏忽教他數學造成，陸續請了幾個大學生家教，人家最後都不敢上門，說他兒子程度太差很難教。老闆也時常收到導師的關切，導師認為他不笨，但數學就是無法開竅。

雖然沒機會幫他做檢測，但弟弟應該是某種程度的「程序記憶失調」。大腦中管理程序記憶的相關位置有額葉與基底核等，主要就是把某些符號變成可以操作的自動模板，如此一來，只要有任何跟此類符號關聯的排列，就能產生「自動化」反應，例如我們看到三位數自然就知道大約是幾百等。

數學向來是不易理解的符號組合，若程序記憶有問題，不但會影響數感，考試也肯定只能亂猜了！

唐詩、桌遊卡牌，都可以訓練程序記憶！

小時候大家可能都背過唐詩三百首，不知道大家是否有印象「低頭思故鄉」？還是「低頭吃便當」？

唐詩雖然朗朗上口，但許多人皆不解其意，只是跟著文字的律動搭配音韻，就一股腦地把唐詩背出來，這就是一種類似反射動作的程序記憶。包含我們記誦九九乘法表，都是同一種模式。而學齡前與低年級的孩子，諸如此類的訓練非常多，不妨可以試試以下幾種：

1. 唐詩：這是最容易找到的資源，而且連父母親通常都算熟悉。
2. 結合桌遊或是卡牌的文字遊戲：尤其是強調「幼小銜接」這個

區段的，也經常能發現設計成練習注音符號的辨識遊戲，這些都可以試著操作。

當我們發現孩子真的無法有效完成程序記憶的相關訓練時，千萬別開啟所謂的「虎媽模式」，並非任何人都能無障礙地「熟能生巧」。語言治療師是很好的諮詢對象，建議尋求專業協助，或能更早發現問題所在並早期介入治療。

看不懂時鐘是怎麼一回事？

可能是 數學困難

講到數學，我們不能忘記還有一種狀況，就是「數學困難」。有數學困難的孩子會產生運算能力、數學概念、數學問題解決等能力不足的狀況。也常常被發現無法心算，需要用手指或實物操作才能計算，並對數學應用問題的理解很弱，不能從文字推論出數學的方程式。

在問題解決方面，他們也常無法決定什麼問題需要解決、無法整合題目中的各項訊息並決定解決方式、無法監控或回溯自己的解題歷程，也無法覺察外在回饋並產生自我校正行為等。

這類學生有時候對空間安排、數學符號辨識運算、公式的記憶和運用均較一般學生要差。有的則無法牢記表列，如九九乘法表，容易把加減乘除的符號弄錯。若合併閱讀困難，將使學習困難更加嚴重。

有沒有什麼方式，可以快速辨識出這群「數學困難」的孩子呢？我之前回顧過某些國外的研究，偶然將其中一種工具大量應用在辨識「數學困難」的孩子，這裡讓我們來看一個案例。

翔翔第一次來到門診時，就是個被「時鐘困擾」的孩子！爸爸發現翔翔一直到快升二年級時，還搞不清楚分針、時針，更別說加上秒針了。舉例來說，十點四十分，翔翔會回答是十點八分！同時，翔翔的算術能力與邏輯思考也比較不靈活，計算的時候經常要用手指頭輔助，偶爾數數的時候還會不規則亂跳，因此被爸爸「拖」來我的門診！

■ 看懂時鐘有夠難

對於有學習困難，特別是數學邏輯或算術困難的孩子，「時鐘」的確是個嚴峻的討戰。相信所有人在初次學習辨認出正確時間前，都經過一番學習歷程，才能明白如何正確「報時」。

首先，時鐘鐘面的數字有三層意義，時針所代表的數量與分針秒針不同，之間有五倍的差距，這點牽涉到「**記憶提取**」能力，跟隨著不同的指針，應有不同的解讀。

其次是算式的部分，必須建立所謂的「**運算程序**」，這項能力對應於時間組成來說，就是所謂六十秒是一分鐘，六十分是一小時，而二十四小時是一天。當一個孩子無法正確「報時」，極可能是其中一個能力缺損，或是綜合以上兩種能力的問題。

另有學者指出，還有一型的缺失，牽涉到對鐘面配置的理解，表現為順時針與逆時針的混用，其實就是「**空間辨識**」能力的不足，這在臨床上也有部分案例。所以我會在診間擺上一個滴答滴答作響的可愛時鐘，這個「時鐘」啊，真是我們診斷學習困難的好伙伴，小小的「報時」測試，就可以看出許多面向的問題。

■ **時鐘雖然很難，也可以成為學習工具**

回到翔翔的案例。的確，剛開始，翔翔的爸爸非常擔心他的數學學習狀況。或許是工程師性格使然，細心的他來問我許多關於時鐘辨識異常的具體表現。爸爸自己還做了一連串小小的測試，他說翔翔如果看的是電子時鐘，也就是數位化那種，幾乎不會出現任何障礙，對於電子時鐘上面不同時間之間的差距，也都能運算成功，即便有時仍須借助「手指頭」。

大約五、六年前，根據一些國外的學習障礙專家研究，數學學習困難的孩子，縱使換上此類的「數位化」時鐘，仍然無法輕易地完成時間運算，因此他們歸結，**早期如果發現孩童對於傳統鐘面辨識困難，鼓勵家長或是老師也同時使用電子時鐘，看看情況是否會有改善。**

一般學齡兒童，除少數能在學齡前就對傳統時鐘辨識駕輕就熟，多半在小一的時候才逐漸開展出時間運算等能力，而且他們一般也較偏愛電子時鐘，這些都可算是典型的發展現象。然而，如果連電子時鐘都適應不良或嚴重困擾，這時候就必須特別關注，甚至重新審視其「數感」及「量感」的發展。

猜猜看，要如何快速辨識出這群「數學困難」孩子的方法？沒錯！還是通過時鐘！我們須「時刻」謹記，巧妙運用不同種類的時鐘，能讓數學困難「見微知著」且「無所遁形」。時鐘不但是個偉大的發明，竟也能讓我們提早偵測出孩子的學習問題！

兒童腦神經學博士這樣說

把數學帶入生活，讓孩子明白數學的實用！

1. 數感應該從小培養，才更易銜接未來的數學學習！學齡前孩童對數字的敏感度是逐步進展的，從唱數、數數開始。但我也經常被爸媽問到，為何孩子數數字會不小心跳過？這是有可能發生的，畢竟數字的順序需要時間來熟悉。過了這個時期，孩子會開始理解「數量」的意義，知道數出來的「數」代表「量」，爾後會更進一步出現「序數」觀念，發現「第幾」的意涵。通常我們會在學齡前給孩子操作些小遊戲，以寓教於樂的方式，帶著孩子從不怕數字開始，慢慢地，甚至能喜歡上數學學習。

2. 日常生活中，很多數學應用對學齡期兒童來說，可以任意添加到生活中。例如請孩子試算火車票價或是商品定價，即使使用電子支付，也可以讓孩子注意扣款前後的數字差別，這些都是很容易操作的練習。當孩子理解力逐步提升後，就可以轉換成應用題型，例如新聞說一頭牛一天吃了多少斤飼料，假使我們家經營農場，買了六頭牛跟三千斤飼料，問問孩子幾天後需要再買飼料？結合生活情境，讓孩子明白，數學是種運用的工具，即使數學有時候不好學，卻很實用！

3. 記得前面提到的時鐘嗎？時鐘的鐘面有十二進位與六十進位，加上時針會跟著時間變化而微幅轉動，對數學學習困難的孩子來說，辨識非電子鐘的時間相當具有挑戰性。但可以先用電子鐘引導，理解後再進入傳統時鐘。將鐘面圖形轉化成標注時間的數字，也是一種圖形轉成符號的練習。數學本就包含空間與圖像的概念，藉由此類練習，絕對是未來進階數學學習的重要起步，可別小看了傳統時鐘！

贏在起跑點卻一路退步？

可能是 知動覺困難

來談一下「知動覺異常」吧！

知動覺異常是「知覺困擾」的一種，主要表現在對動作或動態物件的辨認出現問題。一般來說，知覺有困擾的孩子無法對外在刺激加以統整，也不能把所感受的外部物件視為一個整體或單一體，所以有知覺異常者，常常難以認識、辨別和解釋感官上的刺激。

其中知動覺異常的孩子，顧名思義，就是對於方向感、空間認識、平衡能力、左右、高低、輕重等有分辨困難。可能會缺乏協調能力，造成動作笨拙、行動不穩；或是動作統整能力欠佳，如跑、跳、走等姿態都有生疏、遲緩、遲鈍的感覺。展現在書寫、繪畫等手部精細肌肉動作上，會有動作協調不佳、手眼協調能力明顯缺乏；在大動作上，也可能缺乏節奏感、韻律感等，難以用肢體動作來表達內在想法。

明齊是個小學三年級的孩子，每次來到我的門診都一副熟門熟路的樣子。這也難怪，明齊剛入學國小時，我就認識他了。他的個性特質讓他非常容易跟所有人打成一片，來沒幾次，許多護理師都對他印象深刻。

我還記得他第一次是被爸爸帶來的，明齊的爸爸是個有名的建築師。爸爸個性正好與他互補，是位沉默寡言的紳士，剛開始向他詢問明齊的一些校園生活狀況時，爸爸總是沉思許久後，才吐出三、四個字回應我。但我又從他略帶點焦慮的堅毅眼神中，感受到他對孩子的父愛。彷彿一個優秀的建築師。雖然繪製了一份精美的藍圖，卻苦於應對施工過程中種種接連而來的突發事件，似乎計畫永遠趕不上變化。

沒有輸在起跑點，可是……

約莫過了兩、三個月後，已經經過幾次深聊的明齊爸爸，才漸漸能敞開心房暢談。

明齊爸爸是個傳統的嚴父，他對於教育根深蒂固的觀念就是「熟能生巧」，認為「天下無難事，只怕有心人」。他對於明齊的教養計畫，是絕對不能輸在起跑點的！所以早在明齊大班的時候，爸爸就添購了國小的教科書與參考書，還透過關係認識了學區國小的老師，進一步打探明齊上學後要預做的準備。這一切似乎都精心打造，看來應該萬無一失。明齊剛上小一時，也著實讓爸爸感動，幾乎每天的課程內容都能侃侃而談，讓爸爸似乎看到了一絲曙光。

問題的起點是在開學後的十多週左右，老師在聯絡簿上傳達幾次明齊忘東忘西，或是在學習的過程中，極度不專注等提醒。那時已經進入十二月，明齊爸爸的事務所正忙著年底的相關事項，以及接踵而來的下一年度規劃。因此爸爸只好請媽媽多加注意，自己則判斷這些應該是孩子的偶發事件，等事務所忙完再做打算。

過不久，明齊的爸媽又收到安親班老師的叮囑，發現明齊最近來到安親班，很多在學校學過的內容都要從頭學起，就算讀過的也都沒什麼印象，並且經過反覆指導練習後，還是會犯錯。國語僅僅掌握了基本的注音符號，可是對於三拼等都經常搞混，數學更是一落千丈。

明齊爸爸瞬間陷入了焦慮，搞不清楚明齊是否生病了，還是身體出了什麼狀況？他跟太太兩個人跑了幾次學校還有安親班，希望能夠了解明齊的身心狀態，得到的答案都是看來一切正常，只是學習不夠專注，其他包括與同學之間的互動，或是術科體育等課程，都沒有任何毛病。

■ 消耗完優勢後才發現的真相

明齊爸爸於是帶他來到我的門診，希望醫院能安排一些徹底的檢查。明齊果然個性隨和，雖是第一次來，卻不擔心我請爸爸暫時離開診間。我先跟他聊了一些常看的動漫，他非常喜歡《我們這一家》裡面的花媽，覺得花家的生活充滿著樂趣。我也問了明齊一些家裡相處的現況，他說爸爸跟花爸爸很像，在家中話都不多，而且每天父子之間談的都是督促他要努力讀書。

說著說著，明齊的情緒變得有點低落，他說爸爸在大班時要求自己先背了很多一年級的教材，所以剛開學時他都覺得很簡單，甚至書本上有什麼他都知道。可是這些優勢沒有維持很久，當學期進入到後半段，他發現很多內容都是比較陌生的，不是那些原本駕輕就熟的部分。明齊開始有點惶惶不安，即使很想認真學習老師教授的內容，卻發現不是那麼簡單。

說到這裡，我看到明齊雙眼泛紅，看來他真的很努力想達到爸爸的期望，卻事與願違。

■透過職能治療協助知覺異常

檢查報告顯示，明齊的主要問題是由於小腦引起的手眼協調能力較差，所以閱讀時本來就比較容易跳字、跳行，寫字的速度也偏慢。爸爸的超前部署，的確讓明齊剛上小學時一鳴驚人，但是隨著課程累積越來越多，明齊的籌碼開始消耗殆盡，且逐漸露出學習困難的本質。

在與明齊爸爸溝通後，我請復健科安排職能相關的協助，也成功在接下來的一、兩年內慢慢讓明齊上軌道。

兒童腦神經學博士這樣說

放大數字、符號提升孩子的辨識率

知動異常是否真的能有效訓練？某種程度上，經由固定的刺激與訓練模式，的確可以協助在制約的情況下，提高正確反應的機率、減短反應的時間。然而，對於非制約的生活點滴，仍然可以發現知動處理異常的孩子，身上所留存下來的斧鑿痕跡。

這樣就放棄訓練嗎？倒也不是，我們依然可以這麼做：

就文字或符號層面來說，通常可蒐集近似的型態，例如數學的加減乘除，或者是國語的易混淆部首以及形近字等，反覆、小量地練習。雖然過程不一定愉悅，但還是會有些許成效。

別忘了，這些文字符號的區隔都是肉眼可見、很細微的變化。將這類文字符號適度放大後，孩子的辨識率往往會明顯上升。想到可以運用什麼輔具工具了嗎？是的，最容易操作的就是目前普及的「平板電腦」！只要能有圖片或文字檔，就利用手勢將它放大吧！

小建議仍然包含專業訓練課程，職能或語言治療師有一系列的訓練方案，可以按部就班操作，降低知動異常孩子閱讀時跳字跳行的問題，或是提升他們的書寫速度等。因此，適當諮詢專業人員也是不可或缺的。

懂得彈琴卻不會讀書？

可能是視知覺困難①

知覺異常不僅是知動覺部分，常見的還包括「視知覺異常」或「聽知覺異常」等。

關於視知覺異常，孩子可能會出現「區分視覺形狀困難」、「知覺形象背景困難」、「尋找隱藏的圖像困難」，或是無法顛倒或倒返圖像。他們對於空間判斷困難、方向感差；視覺記憶困難，想像力也差，有時候視知覺辨識困難的兒童甚至會將阿拉伯數字倒置，或將「6」與「9」、「b」與「d」及「p」、「人」與「入」、「戌」與「戍」及「戊」等都看成一樣，引起閱讀或是書寫困難。

視知覺處理異常的孩子，在學習困難的族群中比例偏高，特別是我們身處在華語文環境，視覺訊息相較於歐美的拼音文字，有更多需要掌握的。

然而，視知覺處理異常往往會被誤會成其他問題，子逸就是個好例子。

我對子逸的印象，就是他有雙烏溜溜的大眼睛，還彈得一手好琴！子逸媽媽是個偏鄉護理師，因為工作的緣故，子逸全家在他大約三歲的時候，舉家遷往北部的山區，服務當地的原住民朋友！子逸爸爸也在當地的溫泉區經營民宿，並且積極參與部落相關的振興產業計畫，所以我常笑稱他們住在與世隔絕的桃花源，生活既愜意又能貢獻一己之力。

■難道是失憶症？

有天，子逸媽媽帶著他來到我的門診，那時子逸上二年級，長得比一般低年級的孩子還要高大，卻有著略顯稚氣的臉龐。子逸媽媽是我們的老同事，那天我還以為他們是來醫院敘舊，路過診間進來打招呼而已。

「翁醫師，好久不見呢！這次是真的要來請教我們子逸的問題。」

「子逸嗎？記得三歲後我就沒見過他了，在路上還真認不出呢！怎麼了？上次您臉書上說他學了好幾年鋼琴，現在還幫教會司琴嗎？我上回看到那段影片感到很驚豔呢！他竟然能駕馭這麼大台的鋼琴，還如此神色自若！」

子逸低著頭，靦腆地抿了抿嘴唇說：「沒有啦，謝謝叔叔，那是牧師說我可以試試看，其實我在台上一直很緊張！」

子逸媽媽接著說：「如果其他部分也能像彈琴一樣，我就不用這麼擔心了。」

「其他部分，是功課嗎？還是身體出了什麼狀況呢？不要緊吧？」

根據子逸媽媽接下來的描述，子逸常覺得閱讀很吃力，看書看很久都看不完，學校老師們原以為他是不專注，卻發現子逸聽課很專心，老師的指令也能確切執行，並非恍神或分心。

可是，一旦進入閱讀過程，特別是課堂作業或考卷等，子逸就會完全停頓下來，有時還會深鎖眉頭，一副徹底陷入無助深淵的樣子。子逸媽媽跟我說，其實小時候有感受到他比較喜歡繪本中的圖畫，而不太願意去看文字，那時認為孩子還小，圖畫比文字容易理解，其他小朋友應該也是一樣的，所以並沒有很在意。

直到幼兒園大班，幼兒園老師說子逸經常會錯拿其他孩子的餐具或畫本，老師也曾要子逸注意上面的「姓名」，不要再拿錯他人的或是放錯櫃子，結果子逸還是經常搞混，甚至被老師誤以為他在惡作劇！

子逸媽媽在家中也嘗試很多次，想藉由反覆練習幫助子逸別再認錯名字，卻發現效果有限，子逸隔幾天又會再度犯錯。

「所以醫師你覺得子逸是不是有失憶症，怎麼會那麼糟呢？我完全不知道怎麼協助他。」

■視知覺不行，聽覺記憶卻很好

我思考了一下，緩緩地說：「基本上，子逸不太可能是全面記憶的問題，因為子逸能彈好鋼琴，鋼琴絕對是需要反覆練習並有『身體記憶』的，這代表他可以執行記憶的輸入、固化、提取等過程，並且能『復刻』或『重現』，這樣說來，記憶的問題也許並非主軸。但他對文字的記憶，極可能是從理解到輸入前端的干擾，換句話說，也就是記憶素材的產生出了狀況。」

子逸在我們的後續檢查過程中，做了視覺刺激的腦電波測試，我們發現較為特別的是，在前額葉的相關區域，他在視知覺產生的過程的確較一般學童更為延遲。過往研究指出，在學習過程中，特別是面對「嶄新」或「新奇」的文字或符號時，人類的腦部會從前額葉發號施令，「主動捕捉」這類需要學習的資訊，而不是停留在「被動」的瀏覽接受視覺訊息層次上。也因此，當「主動捕捉」的能力展現較慢或是功能較差時，必定對於新文字或是新符號的學習較弱，那就呼應了前段所說的記憶素材產生問題，症狀嚴重者甚至會形成所謂的失讀症。

至於子逸為何彈琴尚能得心應手呢？我發現他有著相當優異的聽覺記憶，視譜能力雖有狀況，卻因為聽覺辨識力強加上認真勤加練習，彈琴時頗具大將之風。於是我鼓勵他善用自己的長處，聽知覺或許可彌補弱項，只要能配合得宜，未來課業還是有機會能漸漸趕上！

視知覺偏弱也常常會影響孩子的動作表現，畢竟視覺輸入是身體對動態回應的第一要件。後續的芳婷，就是個很好的例子。

用聽知覺輔助視知覺，有聲書是個好選擇！

如何利用良好的聽知覺來輔助視知覺呢？以下是幾個我們經常使用的方法：

1. 請孩子一段文字念給自己聽。有視知覺困擾的孩子，有時候會跳字、跳行或是文字識別出現錯誤，導致口說時說出相對怪異的內容。由於孩子聽知覺反應靈敏，腦部對於這段內容將產生疑惑，可能在後續回溯重新讀取時，更容易發現問題所在。
2. 預複習任何學業相關的教材時，可請家長先讓孩子用聽的感受內容。聽懂後，下一步才是打開課本，讓孩子將聽過的與目前看到的文字結合。如此一來就好像截長補短一般，利用自身優勢彌補視知覺較為偏弱的反應。

3. 有聲書也會是好選項，這又是一個科技能有效幫忙的模式。

字都不會寫，以後怎麼辦？

可能是 視知覺困難②

「醫師，你玩過手球嗎？」

「我沒有耶！怎麼玩？你可以告訴我嗎？」我望著芳婷，一個五年級的女孩，老愛綁著一個馬尾，看起來很活躍，經常一身勁裝來到我門診。芳婷大約二年級時被診斷出有兒童時期的偏頭痛，所以大約每隔三個月回診一次，但是她很少拿止痛藥回家。因為她經常說：「我會嘗試跟『頭痛』做朋友，只要它平靜地來、平靜地走，不要興風作浪就好！」

芳婷的媽媽希望孩子可以快樂地學習與成長，所以在芳婷姊姊低年級的時候，舉家從台北搬到東部，轉學到森林小學，因為她總認為孩子不該為了成績而學習。

「醫師，我想順便問問，上次跟您提到芳婷小時候有點感覺統合的問題，您建議我做的檢查，不知道有結果嗎？」

「有的，不過芳婷不太像我以前看過的感覺統合異常案例……」我一邊看著報告，一邊跟媽媽說明：「她倒比較像是視知覺轉化為空間與物體速度這塊，有些困難……可是有一點我覺得稍微奇怪……」

■ 因為環境而被忽略的學習困擾

「醫師您不妨直說，我在聽……」

「她真的喜歡運動嗎？之前沒聽您說，我還一直以為她是運動好手！」

剛好芳婷不在診間內，又跟著國中的姊姊出去外面晃。「不瞞您說，姊姊是，但她不是，她是因為崇拜姊姊，跟姊姊感情又好。姊姊是縣內手球代表隊，運動細胞很好，所以她說要跟姊姊一樣成為選手。上週，姊姊那隊的教練才跟我抱怨，建議芳婷不要再練，她不但常常接不到球，跟隊友默契也不好，我正苦惱如何勸芳婷，沒想到醫師您也問起來。」

「我會這樣問，是因為猜測小時候她受到的困擾，比較接近對於空間方位判斷的異常。有時候這跟一些感統異常孩子的現象很接近，不容易區分。由於你們後來轉到森小，課業上比較不會有壓力，縱使她有些學習困擾，也可能不太明顯。」

「是啊！我原先還以為讀森小的學習壓力小，是她自己太貪玩，對國語學習不認真，因此常常寫錯別字，但是想想姊姊也玩了五年，該學的都有學到。有一天找她來質問，都已經高年級了，為什麼很簡單的字還一錯再錯，結果她那天竟然一直哭，說我都不了解她，唉……」

「這不是她故意的，難怪她會有那樣的反應。我們人體的視覺系統，傳遞到大腦枕葉時會區分成兩條路徑。往下的部分傳遞延伸到大腦顳葉，與聽覺的資訊結合，會將『看到的』以及『聽到的』合併在一起，那就形成『命名』的基本條件，這部分她是沒問題的。」

■原來是空間方位移動速度偵測出狀況

我接著繼續說明：「另一條往上的部分傳遞到大腦頂葉，主管的就是對空間方位的認知，以及對移動中物體速度的偵測。這個部分，她有些狀況。所以從小到大，你可能會注意到她有時穿鞋子穿錯腳而不自知，或是運動起來不是很協調，或是傳接球的時候經常被砸到等。當然，如果她持續努力練習，看起來會有些微改善。至於錯別字，就是對部首的空間感知較弱所造成的。」

芳婷媽媽有點不知所措：「那該如何是好？」

「其實，她愛運動的話，可以鼓勵她從事非團隊的運動，如游泳或是慢跑。寫字的部分，可以開始訓練打字，現在是個3C的年代，電腦會幫你選正確的字。只要我們選對策略，她還是可以持續快樂地學習下去！」

看完視知覺異常的相關描述，你可能會想問，聽知覺異常又會如何呢？通常症狀會有諸如聽覺記憶的限制，對聲音的知覺速度緩慢，不易分辨聲調，對聲音的高低、緩急、純音與雜音之分析等有困難；或是難以分辨捲舌與不捲舌音，如區別「四」與「十」的困難；不易理解所聽到的話，常要求別人再說一次等等，但不包含耳聾或重聽這類的聽覺困難。

關於這種個案，後面的均兒跟阿蒙都是喔！

兒童腦神經學博士這樣說

球類運動訓練空間方位，文字空間就要從部件開始

記得前面提到的扯鈴嗎？很多運動都有其訓練意義，空間感或空間方位相關的運動，首推球類活動，以下羅列一些給家長們參考：

1. 籃球、排球或是足球，在球場上球類是不易掌握的，所以孩子不一定要立刻加入團隊活動，可以先在一旁練習。例如先讓孩子練習籃球的運球或是足球的盤球，看看能否提升自己與球的互動，趨近人球合一，這時再加入團隊練習才不致受挫。

2. 嘗試讓孩子認路，尤其是住家附近的環境。有時候搭公車或捷運時，也可以適時抽問他是否對某些路線有印象。

3. 文字空間的掌握，對這群孩子的確是困難的。但是可利用後設認知或是所謂的「自我覺察」來提升，所以我們應當先建立孩子對於文字的部件（類似部首的原件）的掌握，像是人字旁的國字，通常會有相近的大小空間與排列方式，幫助孩子主動覺察造字與書寫的整體規則。這樣當他們出現怪異的書寫空間配置時，就比較能意識到並加以修正。這或許不是最佳模式，但是已朝向改善的道路邁進，不失為一種良好的選擇。

「左耳進、右耳出」是不夠專注嗎？

可能是 聽知覺困難①

至於聽知覺呢？我在診間最常聽到的就是爸媽的抱怨：「醫師，我跟你說，他就是都這樣忘東忘西的！」

很多媽媽陳述這個現象時，幾乎都同時吹鬍子瞪眼睛，有時還會補上一句：「到底是不是故意的？難道一定要惹我生氣嗎？」

那次，均兒在媽媽說了同樣的話後，被媽媽「拽」來我的門診。說來一點不誇張，均兒雖是個小女生，卻從小喜歡攀岩，跟著爸爸南征北討，練就一身矯捷的好功夫。媽媽要把她「拎」進門，談何容易？第一次在我門診，見識了完全是「劍拔弩張」的對峙，均兒卡在門沿，媽媽用盡全身力氣，奮力才把她

「扛」上小圓椅。

「我沒有調皮，為什麼我要看醫生？」均兒噘著嘴，大聲嚷嚷地說。

我立即回應道：「誰說妳是調皮才來看醫生的？我這裡又沒有『治』調皮的藥，妳不要太緊張啊！」

媽媽立刻補上：「還說不調皮？誰會像妳一樣把醫生的門當成攀岩練習場？醫師，她真的讓我很頭痛，才小三就這副德性！」

接著，媽媽在我面前數落了均兒一頓，包括均兒常會撒謊，老師交代的作業經常故意沒寫在聯絡簿，或是說沒記起來，直到老師跟媽媽通上電話，才發現均兒都沒完成。從小到大，總是心不在焉，除了自己喜歡的登高攀岩外，其餘都敷衍帶過。

均兒媽媽說，有一次讓她特別生氣，原本跟均兒坐電梯下樓，準備出門的時候，發現外面滂沱大雨必須撐傘，於是交代均兒回樓上拿傘，順便把家裡的黃色購物袋帶下來。沒想到第一次傘沒拿，倒是背了個藍色背包下來；第二次帶了傘卻沒拿購物袋；到了第三次，竟然兩手空空就回到樓下，還問媽媽到底缺什麼？

「由於這些誇張行徑，雖然我只有她一個女兒，附近鄰居都認得我的『河東獅吼』！」媽媽緊接著說：「我一天到晚都重複說著『到底要我講幾遍？』講實在的，真讓我灰心！」

我回頭看了均兒一眼，扁著一張嘴，感覺對媽媽的陳述很不認同，又偷瞄我跟媽媽的討論，流露出好奇的眼神。

於是我請來治療師到門診間，對均兒說：「這個姊姊帶妳去玩聽力挑戰，妳如果贏過她，我就立刻讓媽媽帶妳回家，好嗎？」小女孩的眼神由狐疑轉為堅定，當下點點頭，隨治療師快步走出診間。

果不其然，經過約半小時的測試，語言治療師告訴我：「均兒的語意理解還算可以，音韻辨識力也不差，但是最弱的部分要屬於聽覺記憶了！」

媽媽的神情似乎又開始焦躁起來，急忙地問：「聽覺記憶是什麼？」

■ 聽覺記憶很弱是真的

「聽覺記憶」，顧名思義，就是聽覺形成的記憶，也有人說「聽知覺」。

記憶形成的第一步，就是輸入並編碼，從五感傳入的信號，是最直截了當的訊息。根據過往科學家的研究，學習過程中各種感官輸入的刺激，以視覺占最大宗，其次就是聽覺。

第二步則是將資料處理比對後，儲存在腦部的區域，如果是較為臨時的需求，如電話號碼等就只需形成短期記憶；若是較為長期的目的，則需經記憶固化歷程，將其長久儲存。

第三步就是所謂的提取驗證，一旦成為記憶，必定要能夠回復，才可以算成功。

均兒的聽覺不算差，聽音辨識度也不弱，所以日常溝通問題不大。但當她需藉由聽覺輸入的信號，轉變成無論短期或長期記憶時，就明顯產生困難，甚至會有缺漏的現象，也就是均兒媽媽說的「有聽沒有懂」的感覺。這種問題輕則會在課堂上表現不專心或放空，重則會干擾學習，並遺漏重大信息。

當我們試著跟均兒媽媽解釋並釐清這種現象時，媽媽一直點頭並若有所思，彷彿她終於看懂均兒的內心！藉由心理師的介入與溝通，均兒媽媽不再咄咄逼人，總要均兒完美回應，而是放慢腳步，學著理解均兒還有哪些沒成功

「聽到且記得」。

當然，均兒還是一樣有活力，每次到診都不停訴說她挑戰了哪些困難的岩場。另外，她也不忘感謝治療師的「聽能復健課程」，並進階嘗試用更多感官體驗世界。用心聆聽，總是最美好的，不是嗎？

兒童腦神經學博士這樣說

利用按表操課來逐一完成日常事項

聽覺記憶差的孩子，需要可以看見的輔助資源，也就是所謂「眼見為憑」。一定聽過 SOP 吧？這群聽知覺較差的小朋友，我們可以讓他照表操課，自然就不會錯過他所需要完成的事項。舉例來說：

可以請他時時刻刻將師長交辦的事情用文字記錄下來，類似一種聯絡簿的概念。若是他不太知道如何記錄，就將細節抄在黑板上，請他一條條認真閱讀，並在抄寫過程中複誦，如此就可加強記憶效能。

圖像線索很重要！光憑藉音韻或聲調的內容，他們搞混的機率會直線上升，因此，把握重要資訊的圖像內容，用圖形圖片或甚至影片資料，讓學習的內容更加容易吸收，這就是利用視知覺輔助聽知覺的模式。

偶爾還是要練習聲音區辨力，這也是所謂的聲韻覺識。不妨可以給他們一些近似音或是近似聲調的語詞或句子，讓他們漸漸習慣區辨並清楚說出對應的解答。尤其是中文聲調的第二與第三聲，即使是一般孩子都容易搞混，這就是練習的重點了。

說話晚只是「大雞晚啼」？

可能是 聽知覺困難②

類似的聽知覺困難的例子還有阿豪，我說這位遠從千里而來的阿豪「身懷絕技」，並非具有金庸小說角色般的絕世輕功，而是跟著爸媽從金庸的故鄉香港「飛」進台北，所求無他，僅僅希望台灣的醫療人員們，可以提供阿豪一些建議。

阿豪爸媽的「普通話」帶著濃濃的港腔：「醫師，可不可以幫手做些檢查，我吔好疑惑，豪不似痴呆，卻總是學習常分心，你怎麼看咧？」

他們第一次到醫院求診，時值暑假，我幫阿豪安排了一些檢驗，詢問詳細病史後，就鼓勵他們先感受台灣之美，再回來看報告。

一切正常就是說話慢

小時候的阿豪，理解力與記憶力都很強，爸媽回憶起來，總說他大約兩歲多就能玩樂高，拼出各式各樣的動物。唯一有點特別的，就是說話慢，但爸媽也不以為意，認為是「大雞慢啼」。

阿豪三歲多就喜歡幫忙做家事，是個貼心懂事的孩子，何況粵語學起來本來就不容易，應該可以等待。過了四歲，當開業醫生的遠房親戚大伯，告訴阿豪父母，即使其他一切正常，語言發展遲緩仍須矯正，於是就開始為期一年多的正音練習與構音技巧課程。

媽媽說語言治療師很喜歡乖巧的阿豪，居家練習的功課都很認真完成，上小學一年級時，跟其他同齡的孩子已經沒有很大差異，之後就結束這段療程。

然而，上小二開始，阿豪偶爾回家會哭哭啼啼，描述在課堂上經常被老師責罵，說他不夠專心。爸媽向老師請教阿豪的學習狀況，也是得到相同的答案，而且老師認為他應該頭腦聰慧，無奈就是不用功，課業成就完全不像他應有的表現。同時困擾老師的是，他也經常寫出錯別字，罰寫後會稍稍改善，但過沒幾天又故態復萌。

爸媽當時相當無助，也一度接受醫師建議使用過動症藥物，效果卻不明顯。就這樣撐了幾年，最近發現孩子甚至出現某種程度的情緒障礙，才在朋友介紹下到台灣就醫。

阿豪回診的那個上午，突然診間電話響起。「翁醫師，心理師在線上，要找您。」

他其實超級聰明

「您好，嗯，是的，我有安排這些測驗……」

「是這樣的，這位弟弟他雖然已經高年級，似乎學校適應不良，情緒明顯受影響，不過，還有一個比較特殊的……」

「是的，如何特殊？」

「弟弟的非語言智商測驗超過一四五，可見他相當聰明耶！」

的確，阿豪在我們醫院的種種檢查資料顯示，他可能同時在聽知覺與腦部輸出處理的區域，出了些問題。

人類大腦的額葉，我們可以簡單視之為「司令台」，周遭訊息經由感官傳入後，皆會初步「知覺化」，爾後彙整到這個「司令台」，命令執行單位做出相對應的反應。

既然如此，這個區塊如果出現功能上的異常，最直接的就是影響「說」與「寫」這兩種功能。「說」的部分，因聽知覺處理稍稍延遲，早期在構音功能便會產生困難；隨後進入學校體系，「讀」雖不構成問題，但在額葉執行寫字功能時便有明顯障礙。

阿豪的腦部影像上，額葉有細微小損傷，也許跟媽媽當初難產時，造成阿豪輕度缺氧相關。幸好阿豪智商高，勤學或可克服困難，就像張無忌突破九陽神功的關卡般，漸入佳境！我也請父母注意，要多多支持他，協助他情緒管理，相信必能走出一片天！

聽覺訊息整合能力較差的孩子，需要大人更多的包容

分娩過程中有缺血或缺氧狀況的孩子，在學齡前或多或少都需要早期療育的服務。這群孩子最早被關注到的，或許是肢體動作的問題。然而隨著年齡逐漸增長，又會陸續察覺到其他認知或是語言相關的問題，甚至包含那些初期看似正常、從未接受早期療育的孩子，也可能陸續出現問題。這是因為認知或語言相關的腦部區塊，即便是輕度的病變，也會引發某些衝擊。

如果孩子在出生時有特殊狀況，或是出生後曾待過新生兒加護病房，三歲前都需要仔細追蹤後續狀況。現今的醫療體系對此可說是十分重視，兒科門診追蹤是不可或缺的，爸媽要有心理準備，隨時需要

面對可能出現的新狀況。

若是孩子較晚才出現特殊需求，相對地也就表示受傷的範圍可能較小，積極的早期介入，應當有所助益。

對於聽覺訊息整合能力較差的孩子，的確需要更多的耐心包容。他們或許理解的速度較慢，但絕非智商低。學校階段的學習，只要遇到較有耐心的師長，或是特教資源的挹注，相信孩子還是有機會迎頭趕上的。

撐不過半節課，大腦就當機

可能是 視聽知覺困難

除此之外，我有位特殊個案，竟然是視知覺與聽知覺同時出問題。哲也是個小學四年級的男生，在校的學業表現經常落後其他同學，除此之外，哲也的導師也發現他上課的時候總是會恍神，好像跌進了另一個國度一般，即使提醒，哲也仍須花一段時間，才能搞清楚老師上課的進度。因此哲也的導師也督促媽媽，是否帶哲也去醫院檢查看看？

不過由於哲也的父母離異，所以從幼兒園中班開始，都是媽媽在照顧他。媽媽平日在哲也學校附近的麵包店上班，一大清早就開始忙碌，幾乎不太可能抽空帶著哲也到院檢查，因此就醫的事一拖再拖，直到小學三年級才到我的門診求助。

■ CPU太慢，就會跑不快

我們的神經學檢查發現，哲也屬於視知覺與聽知覺處理上都有延遲的小朋友，其中視知覺的延遲相當明顯。也就是說，哲也雖然跟其他同學都一樣從眼睛接收到清楚的畫面，但是傳遞到腦部後，大腦對這些影像的處理比同儕來得緩慢。

所以，哲也面對日常生活的事件，特別是在學校中的學習，處理起來總是比一般同學辛苦。要是上課的時間拉長，例如超過十五或是二十分鐘，就好像原本就跑得比較慢的電腦，工作累積越來越多時，便會呈現一種疑似當機的狀態，原因是真的跑不動了，需要更長的時間來消化。這也是為何哲也會被老師發現上課到一半就開始放空的原因，從檢查的數據上看來不是很意外。

我嘗試用這些比較淺顯易懂的方式，解釋給哲也媽媽聽，但我發現她好像一直面有難色，因此就好奇地詢問哲也媽媽的想法，想知道哲也媽媽是否有其他疑慮。

「哲也媽媽，您清楚我剛剛的說明嗎？不知道您有沒有想問的部分？」媽媽頓了一會兒，慢慢跟我說：「醫師，我們家哲也這樣的狀況，是不是一定要去上特教班呢？」

是不是一定要去念特教班？

哲也媽媽打開話匣子，我發現多數是圍繞在特殊教育的相關層面，當然這也是我眾多的門診家長們希望知道的資訊。當天哲也媽媽跟我討論的內容包括是否需要進入特教班？特教班有什麼資源等。

的確很多的家長有疑問，當我的孩子在學習上出現問題時，會不會被老師要求去特殊的班級上課？這部分我都會跟父母或是照顧的家人澄清，按照台灣現行的特殊教育制度，如果學校老師察覺某些學生可能有學習上的困難，一開始都是**先利用補救教學的模式，引導孩子回歸正軌**。假使嘗試後發現仍有落差，才可能安排特殊教育的相關鑑定。這些鑑定最終還必須透過學校申請遞件給縣市的教育局，經由專家會議判定後，才知道孩子需要哪種協助，因此絕對不是老師單純要求或分配就生效的！

即使孩子未來需要特殊教育的協助，也可能僅是某些特殊科目從普通班抽離去加強，而非全天候都進入特教班學習。

至於特殊教育的施行期限，同樣由專家會議決定，視孩子的進步狀況做滾動式修正。有為數不少的孩子，經歷一段時間的協助後跟上同儕，就恢復一般生的身分，更不會有某些家長認為會出現被貼標籤的疑慮。

最後就是哲也媽媽最想問的，為何校內資源的協助很重要呢？

我跟媽媽說明，孩子在生活中學習的重心就是在校園，即便孩子到院檢查或接受相關治療師的專業評估與復健，最終還是要應用在日常生活中。而孩子的生活不外乎學校與家庭，可見學校的輔助是這些學習困難孩子的一塊重要拼圖，良好的師生互動也可能是讓孩子從泥淖中重新站立的契機！

接受不同資源的協助

那次門診結束後，哲也與媽媽的腳步彷彿輕盈許多！哲也媽媽離去前透露，因為她自己一個人拉拔孩子長大，很擔憂也很在意哲也在學校的感受，希望孩子不要因為原生家庭的狀況而受影響，因此總是想很多，對外部的關心很躊躇。幸好我的解釋讓她放下了心中的大石，也讓她明白哲也需要家庭、學校、醫療等各面向的輔助，才能讓他逐漸適應學校課業的挑戰！今後他們會更加敞開心胸，接受不同專業人士的建議，也衷心希望哲也能慢慢感受到學習的快樂與成就感！

有不少人會問，學習不就是靠記憶嗎？那記憶出了問題該怎麼辦？孩子們會不會跟老年人一樣，也會有失智的狀況呢？

一般來說，除非有先天性疾患，否則不太容易在孩子身上看到神經退化類的疾病，例如失智等。倒是有些孩子，可能思考或邏輯能力偏弱，無法將學習內容分類、組織或統整；在概念的形成、組織與統整上就會有困難；有時則是心理處理缺陷及訊息處理問題，或無法運用學習認知策略、無法開展出積極的學習風格，也無法監督自己的學習等；思考有時常陷於執著、缺乏機動性和應變能力，常未經思索就搶著回答問題。

兒童腦神經學博士這樣說

切斷式學習幫助孩子充電滿血回歸！

面對可能在學校中需要特教資源協助，很多家長走不出這一步的首要原因，是擔憂孩子被貼標籤，對他們在同儕間的共同成長較不利；其次則是內心無法接受，孩子從小到大看起來很正常，怎麼才去學校上課，就被老師說不行呢？

孩子到底會不會在學校被貼標籤？老師們通常不會這樣處理，同學們也不見得很在意，多半是父母親或是家長的心態認定。倘若學業上一直有困難，卻無人協助，反倒容易在學習過程中出現明顯的挫折感。心理師們與這群孩子對談，發現這群孩子多數在校會產生一種「抽離感」，這才是更不好的標籤。

過往兒科大師總是諄諄告誡，兒童並非成人的延續。換句話說，即使身為父母，也該放下孩子要與我們相似，或超越我們的假想。我們的確希望孩子更好，所以要用正確方式釋放孩子的潛能。有時候孩子需要不同模式的引導，這時候就要專家介入，而學校的特殊教育，正是協助孩子這部分的關鍵。

學習困難的孩子，可充分利用「切斷式學習」，讓孩子學習的狀況不打折。多數孩子可以接受長達四十或五十分鐘的課程，而學習困難的孩子或許需要將學習稍稍片斷化，例如每十到十五分鐘，讓他們有個兩、三分鐘的休息，這樣就能迅速「滿血回歸」，如此更能達到學習的成效。

聽、說都OK，寫字就卡關

可能是 工作記憶困難

接下來會提到兩位已經成年的大學生，同樣有記憶困擾呢！第一位是前額葉的工作記憶區有了狀況，前額葉如同前面提到，與資訊統整有關，而其中工作記憶區就是暫存大量資訊讓我們正確思考判斷。

有次我獨自一人，走在校區附近的西門町街區。驚鴻一瞥，看到熟悉的動漫居然出了劇場版，想著期末考試都已經結束，就索性看一場電影，慰勞一下自己吧！

「先生，幾位？考慮我們的套餐嗎？有爆米花加飲料。」

「不用了，一位靠走道就好，謝謝！」我心想：都已經過度發福，豈可隨便加套餐？

「翁叔叔，下午沒診啊？怎麼有時間來看電影？」

「蛤？」我內心一陣狐疑，難不成我的學生在這打工？不，他們應該會稱呼我老師吧？

「叔叔，好久不見耶！」眼前甜美的售票員，繼續說：「門診時間還是週一嗎？」

「你是……」我還真認不出來這個大女孩，週一診是好久以前，難道是老病人？

「佳宜啊！我跟姊姊以前常常去您那邊，十年了吧！那時候好像還在念小學的樣子！」

原來是佳宜，真是好險！不該在學校附近偷閒的，哈！

佳宜跟姊姊，以前的確常來，因為姊姊在出生時吸入了些微胎便，在加護病房住了將近一個月，之後的腦部超音波追蹤顯示有些小異常，影響到肢體動作，所以長期接受復健治療。所幸問題不嚴重，只是動作稍慢了些。而佳宜就跟著媽媽一起來，那時候還很調皮呢！

「你現在在念大學嗎？」

「對啊！我念化工系耶！我想以後乾脆自製化妝品來賣！你看，我都大三了呢！」

話說佳宜順利考上國立名校化工系，我還挺驚訝的。當初佳宜爸爸很早就因癌症去世，媽媽單親撫養她們姊妹，因為姊姊需要持續接受早期療育，媽媽沒有固定收入，經濟狀況也堪憂，當初還曾經請我們醫院熱心的社工師訪視協助。在這個狀況下，佳宜的課業自然就少人照顧。即便小學老師經常通報佳宜媽媽，說佳宜在學校搗蛋或是不專心，但媽媽真的也是無能為力，甚至會在我的門診訴苦。

「你真是乖巧孝順，自己出來打工，課業也要好好努力！」在道別前，我稍稍鼓勵她。

因為粗心所以寫錯？

佳宜小學時經常寫錯字，倒也不算是什麼大錯，基本上都是多一劃或少一劃。她的導師很嚴格，因為佳宜看起來有點小聰明，所以導師都認為她應該是故意或粗心。偶然見到，真難連結現在的她，以前她可是班上出名的「母老虎」，還會欺負作弄男生！

那時候她來看診，我都是順道幫忙的，姊姊如果來拿藥，我就幫佳宜看看有沒有問題。其實孩子很少生病，反倒是常聽媽媽抱怨，甚至要我們規勸她上課多專心。然而，我當初就發現，事實上，她課業吸收能力正常，「聽」與「讀」的反應都很敏捷，唯獨遇到「寫」，就是常犯錯。

大腦中的額葉，有一個特殊區域，掌管所謂的「工作記憶」。如果用電腦的硬體來比擬，或可類比為「記憶體」，抑或是「暫存區」，也就是各種應用軟體的整合平台，隨時可以從遙遠的資料庫，調出所需的重要資訊，以利進一步的進階處理或利用。

一旦這個部分發生問題，資訊的存取與應用就會產生干擾，所以會把

「戌」寫成「戍」或者「戊」。而中文的學習偏偏又在那一撇一捺之間，雖然在我們看來這幾個字很容易分辨，但對這類的孩子卻是異常艱辛！

佳宜那時候一直覺得自己被誤解，又因為在學校也很頑皮，更容易讓老師留下極差的印象。我們當時除了安撫佳宜的情緒，也告知佳宜媽媽，她的問題是由於生理因素，希望媽媽能夠理解她的狀況。同時她對數學很有天分，就鼓勵她多多發揮這個特長。令人欣慰的是，她如願成為「理工女」，相信無論是天上看顧的佳宜爸爸，或是辛苦了這二十多年的媽媽，都會同感榮耀！

兒童腦神經學博士這樣說

學習的重點是「學會」，而不是「考高分」

粗心怎麼辦？很多家長都喜歡問這個問題，「我的孩子就差那一點，每次的大小考，分數都很可惜。」這裡想跟爸媽說：別只是在意成績！粗心有時並不見得是孩子故意的，而是真的有所不能，因為他們無法真正還原出腦部內在原本儲存的內容。

這裡我們也要退一步思考，我們需要孩子學到什麼？別忘了，學習的重點是「學會」，不是「考高分」。的確，分數上無法呈現時，對於孩子或是家長來說，往往會感覺失落，但分數僅只是衡量學習成效的某種面向，並非全部。我們反倒要好好確認，孩子是否真的明白自己所學？倘若考試呈現出自己不熟悉或混淆的部分，我們要虛心接受，若非如此，那就再接再厲，學得會就不要害怕！

但如果粗心的狀況，是由腦部處理資訊的細節而來，這就比較不容易處理，有點類似電腦的小Bug，總是會在某些情境出小狀況。通常這種電腦也不是不能使用，只是必須避免踩雷，用久了就會發現雷區，跳過就好。我們的孩子也會這樣做，只是需要時間，也需要父母師長們在過程中引導並鼓勵。

現代3C是好工具，可測試孩子利用科技工具輸出的文字精確度，畢竟打字就不會少一撇、多一畫。假使孩子這樣做，就能夠大幅提升正確度，代表孩子對於內容能理解掌握，只是在手寫輸出上無法呈現，也就不要再誤會他們是粗心了！

成年後讀書反而記不住？

可能是 睡眠不足造成記憶困難

至於另一個記憶困擾的人，是我的樓下鄰居——大學生「坤哥」，他總是大老遠看到我，就跟我打招呼。

最近一次遇到，剛好是暑假期間，「老師，最近暑假應該比較放鬆吧？」

「倒也沒有，更多計畫案都是此時要加緊完成。對了，你怎麼沒有回台南？」印象中坤哥是白河那邊的人，假期都會返家。

「我也是留在台北打工，順便修個第二外語。對了老師，我最近有些學習上的問題要請教您，不知道方便嗎？」

「學習上的困難嗎？」這當然是我最關注的，不過面對大學生的「坤哥」，我暗自忖度，他以前從來不曾跟我說過課業有困難，怎麼突然間會想問這個？於是問了一句：「坤哥，沒聽過你提起這類疑問，是因為近來要考證照嗎？」

「不不不！老師，我是發現外語詞彙很難記，以前我的記憶力還不錯，但是現在很容易分神，是不是有什麼好方法可以協助？」

大學生的記憶問題？這讓我想起了一個有趣的研究。傳統上，大學生功課不容易維持在高中時期的水平，是因為有「多重因素」的干擾，特別是台灣的孩子更是明顯。其中的主因是升上大學後，多數的學生在學習態度「放緩」，更多繽紛的課外活動，或甚至不良習慣的養成，如抽菸酗酒等，都會干擾大學生的學習模式，進一步影響學業表現。

但眼前的「坤哥」的確不是這類因素造成，他相當珍惜北上念書的機會，由於家中務農，養成他生活勤儉刻苦的習慣。我經常見他課餘去打工，而且他的樓友們都說他即使早出晚歸，還能名列前茅，是個不簡單的青年。於是我大膽猜測，坤哥可能經常睡眠不足，這樣也的確會讓大腦運作起來不正常。

人是在睡眠中加深記憶的？

「鞏固記憶」主要發生在不會作夢的慢波睡眠。人們清醒時，腦部迴路忙碌地各自運作，但睡眠時大部分神經元都會同步運作，以每秒一次左右的循環同步打開、關閉。打開的時候，神經元發出很強的腦波；而關閉的時候，腦波就會暫停。「慢波睡眠」的名字，就是由於這些緩慢、起伏有致的腦波振動而得名。

過往研究發現，慢波睡眠期與學習有關，因為根據觀察，若是清醒時有大量學習，晚上慢波腦波就會變強；而如果白天學習不多，晚上慢波腦波就會偏弱。另外有一種腦波稱之為「漣漪波」，會大量穿插在慢波的睡眠腦波中，特別是睡眠中的快速動眼期。這種漣漪波，在腦部就像小鵝卵石擊中湖面般，出現短暫快速起伏的漣漪，而這種腦波型態，早期認為與「記憶固化」相關，就是將短期記憶成功轉化成長期記憶的過程。

曾有科學家把進入睡眠狀態的老鼠，使用特定電流刺激去反轉漣漪波，僅留存慢波腦波，之後再將這批老鼠與其他正常老鼠，放入一般的記憶訓練模組中。實驗結果發現，這批老鼠普遍容易遺忘記憶訓練模組中的訊息，甚至是與生存相關或相當頻繁出現的訊息，這都是因為漣漪波被干擾而出現無法牢記的現象。

■ 音樂可以活化記憶機轉？

關於睡眠與記憶力，也有一篇二〇二〇年發表的研究，是特別針對美國德州的大學生。研究的背景，就是假設大學生作息問題導致睡眠不足，因此在記憶力的表現往往差強人意。於是研究學者希望能藉由活化睡眠中的記憶機轉，看看能否提升學生學習某些特定科目，如微積分的成績。

他們總共招募約五十名的大學生加入，實驗組的部分會在睡眠時合併特定古典音樂當背景，內容包含蕭邦、韋瓦第等，都是聽來較為舒緩的音樂；而控制組則是讓他們聽較為不規則的背景噪音。這類噪音其實音量並不很大或是很清楚，只是沒有旋律性。結果反應相當明確，夜間接受古典音樂的組別，即使在睡眠不充足的情況下，其學業成績明顯仍優於接受環境噪音的組別。

早期對於音樂之於學習歷程的協助已有許多例證，但是對於睡眠不足的問題，竟也能產生效果，特別是本篇研究還長期追蹤九個月後，其效應仍於部分學生身上存在，可見古典音樂的神奇魔力。

但無論是否聽古典樂，良好的睡眠習慣與睡眠品質，對於記憶來說還是相當重要，也是學習成效的關鍵。所以我在門診時，經常提醒家長或孩子們：在睡不飽狀況下想要好好學習，絕對是不可能的任務！

我也將這篇研究分享給疑惑的「坤哥」，他驚訝地大笑道：「果真問對人了！這麼簡單，那我一定要讓自己伴隨美妙的音樂入睡！」

兒童腦神經學博士這樣說

睡眠環境要舒適，越少物件干擾越好

相較於成人腦，孩子腦就像一部嶄新的機器，開機快、關機也很迅速。通常孩子失眠是相當罕見的狀況，然而孩子的睡眠的確偶爾會受到干擾，因此要注意以下一些重點：

1. 孩子臥室是否接近大馬路，或是周邊環境較為嘈雜？尤其是入睡的夜間，噪音是種明確的干擾。另外就是光線，一般來說，睡眠仍是以黑暗中進行較佳，這與促進睡眠的褪黑激素容易受光線影響有關，所以將臥室的光線調暗也很要緊。
2. 輕柔的音樂或許可助眠，但並非對每個人都有效。應當觀察孩子的反應再決定是否添加額外的助眠輔助，例如有些家長認為精油可助眠，這也是因人而異，請勿任意施加自己個人喜好在孩子身上。
3. 睡眠的環境越少物件越好，例如有的孩子床上擺滿娃娃，然而娃娃可能讓孩子興奮而不想入眠。睡眠還是強調舒適，適度的空調可以協助，床墊、床單、棉被等基本床具，也都應維持清潔與乾爽，這些基本條件看似容易，卻是最常被忽略的。

說話不流暢、拼音特別弱

可能是 言語困難①

接下來，我們也來說說語言能力對於學習的影響。發現言語困難時，會在孩子的口語上觀察到有訊息接收、處理、表達面向的顯著困難。

他們通常在幼兒園開始，就無法區辨或正確模仿老師的發音。有時候複述事情時顯得時序或邏輯混亂，讓對方難以明白；或是無法正確描述老師們教導的課業與活動內容；對老師課堂上的口頭指令都不大明白似的，有聽沒有懂，因而不能作出適當的反應。

到了低年級就可能被發現語音辨識能力弱，如不能識別押韻字等，或是對拼音（尤其是三拼）感到特別困難；經常被同學取笑說話不流暢、詞不達意，且不能理解結構複雜的語意內容。如果課程上需要造句及重組句子，就是他們的弱項了，對於說話產出的句子也明顯組織能力偏弱，冗長的講解對他們一直都很困擾，更別提弦外之音、反諷等。

我們常會說這類孩子「臭乳呆」，很多長者都認為等孩子大一點就會自己好起來。但事實上仍有一批「臭乳呆」孩子長大後，持續出現了學習上的困難，甚至必須求醫。我就遇過兩個典型的例子，其中第一個案例，士良，還是個小小棋士呢！

就讀小學三年級的士良，稚氣的外表下，卻有著既沉穩又內斂的內在。據說他是近二十年來少見的圍棋界奇葩，年紀輕輕，等級就已經上「段」了！然而，我仍記憶猶新，約莫他小學一年級時，士良爸爸帶著他到我的門診，卻不是這般景象！

「翁醫師，學校老師請我特別來門診一趟……」

「爸爸您好，孩子名字是士良嗎？是哪裡不舒服？」

「醫師好，士良剛上小學一年級，目前是第一個學期。他以前很喜歡去幼兒園上學，不過，最近開始吵著不要去學校，老師也一直說他的專注力很差，上課經常分心。」

爸爸繼續補充：「士良從以前到現在，就是一個比較安靜的孩子，本來以為他會很容易適應學校生活，沒想到最近情緒反應超大，我也不知道他為什麼專注力差，還以為是老師搞錯！」

■他懂，只是說不出來

我在一旁仔細端詳士良，的確，爸爸說的與我所觀察的雷同。從外表看來，士良不是個躁動的孩子，自己靜靜地坐在椅子上，反而讓人覺得很沉穩。

「好的，那爸爸以前有發現過士良學習上面的任何問題嗎？」

爸爸頓了一會兒，緩緩地說：「其實有，感覺上有點寡言，比較不會表達自己。因為我弟弟的個性跟他有一點像，小時候都是我在幫他回答其他人的問題，在這點上，跟他叔叔很接近。」

「那構音上面，士良有沒有什麼特別的？我看病歷他小時候在這裡接受過語言治療。」

「沒錯，那時候他很慢才開始說比較多話，可能四歲左右，所以我有帶士良來這邊接受語言治療。語言治療師告訴我，士良對自己說話沒有信心，特別要我們多多鼓勵他。但即便如此，他依舊很少開口，似乎他總覺得自己發音經常有問題，雖然旁人說的他都能理解。」

我回頭看了一下士良，拿出一個充滿注音符號的小冊子，讓士良指著本子上的拼音一個一個念念看。接下來，還有幾頁是充滿數字或其他符號的，我就問些小問題，讓士良利用頁面上面的符號來回答我。

「爸爸，士良的狀況比較特別，他是個聰明的孩子。當我希望他利用頁面上的符號，回答我的問題，例如詢問他從家裡到機場搭飛機時，會使用哪些交通工具呢？他馬上能找出了行人、捷運、公車這幾個符號，還很有自信地依照順序先是行人代表走路，接下來公車，最後才指著捷運。」

爸爸認真地一直點頭，我再繼續說明：「但是，他的構音讓他相當沒自信，他嘗試想發出正確的注音符號拼音，卻沒辦法得到他想要的結果。從他的表情上看得出他很懊惱，這也能解釋為何他較寡言。尤其是小一新生需要學習大量的拼音，因此他會有排斥上學的反應也不意外！」

「那該怎麼辦呢？」

「我會建議語言治療的部分仍然要持續，不要錯過了治療的黃金時期，但是爸爸也可以想想，有沒有他特別喜歡的嗜好，可以讓他去試試看，增加生活中的信心！」

「上週帶他去圍棋啟蒙班，他好像很喜歡，之後我們會讓他嘗試看看！」

就這樣轉眼間過了兩年，我從爸爸的口中，才知道士良原來是個天賦異稟的小棋士！士良在構音上面的困難，其實是一種較輕度的「言語失用症」，由於症狀較為輕微，並沒有完全失去語言的表達能力，而是不容易產生清晰的構音。這也造成了他學習上的困擾，以及上小學後的自信心不足。

所幸透過積極的語言治療，幫助他在構音層面上，逐漸提升到接近一般孩子的水平，也恰巧他在圍棋上的造詣，以「無聲勝有聲」，讓他增強了許多自信心。當孩子面臨學習困境時，除了依循專業建議治療外，有時在優勢項目上讓他們多方嘗試，或許他們的潛能會讓人驚嘆無比呢！

一旦構音問題出現，首要就是評估聽覺是否有異！

構音問題經常在學齡前兒童身上被發現，尤其是中大班階段。孩子說話不清楚，自然也容易讓家長擔心孩子是否會因此失去自信心、產生學習落差。構音異常也可能在學齡的低年級階段被注意到，以下是構音問題出現時要留意的重點：

1. 切莫忽略聽力的影響，任何階段都可能產生聽覺障礙，只要是構音問題出現，首要就是評估聽覺是否有異。這不但重要，而且適切的矯正能很快讓孩子回歸正軌。
2. 孩子若是聽覺辨識正常、理解能力也很優異，學齡前的兒童一般經由語言治療師的訓練，很快就能利用正確的發音模式發聲，甚至未來不再有其他的困擾。這種單純的情況約莫占三分之二以上。

3. 剩下三分之一左右的孩子，會有構音矯正過程較不順利的狀況，或是接近學齡時才發現一直以來的構音問題越趨嚴重，這類孩子通常有聽理解相關異常，屬於中樞神經層次的狀況。若是上小學後持續有這樣的狀況，除了尋求學校特教資源協助外，可能也需要持續在語言治療師這邊復健，方能逐漸改善。

剪了舌繫帶，還是大舌頭？

可能是 言語困難②

小羽，一個大班的小男生，有對既大又明亮的雙眸，每次他來到我們的診間，都有不少護理師姊姊們想拿貼紙給他。這麼小就這樣有人氣，長大後鐵定是個萬人迷！

小羽每次來我們醫院，都是平日上午的門診，所以他總像個爺爺身旁的小跟班。半年前，爺爺帶他來看小兒腸胃科，主訴是小羽似乎經常吞嚥不順，只要吃太大口，就會有想吐或嗆到的樣子。

本來奶奶覺得小羽都已經大班了，懷疑是小羽太淘氣，遇到他不想吃的食物，就用這種方式抗議。但是觀察了一陣子，發現好像有點不對勁，就請爺爺帶小羽來找我們同事。經過小兒腸胃科的檢查，發現他的腸胃道功能一切正常，唯獨吞嚥能力的確較差，由於無法排除周邊神經問題，於是半年前轉介到我這邊。

■ 原來和吞嚥障礙有關

爺爺第一次來我的門診，對於小羽有些擔心：「醫師好，這個『周邊神經異常』到底是什麼意思呢？」

「爺爺您先別著急，小羽還沒正式檢查，不一定是這類的問題。吞嚥的表現是由許多口腔與咽喉等部位的肌肉來支配，而肌肉的動作則是受到周邊神經來統合控制，所以一旦有吞嚥障礙時，我們會一起檢測周邊神經功能。」

我接著問：「小羽從小到大，說話的發展怎麼樣呢？」

爺爺：「他從小就比較文靜，很少主動發聲，當初我們一直懷疑他聽力有問題，不過幾次耳鼻喉科的追蹤都是正常的。也因為少開口，雖然他看起來都聽得懂，發音上面卻好像都『大舌頭』，所以兩年前左右，我們有帶他去一個外面診所的老醫師那邊，剪過一次舌繫帶。小羽那時候已經快三歲，回家後就一直哭，不過發音只有好一些，沒有完全改善。」

「那吞嚥的不舒服呢？從小就有嗎？」

小羽在旁邊若有似無地點點頭，爺爺繼續說：「小時候也比較喜歡吐東西，我們總以為他要脾氣，直到前一陣子他自己才說不喜歡吃太大口！」

測過一些小羽的基本構音表現，正如我所料，他的發音不夠精確，而且不是固定某些音而已。小羽對於模仿新的發音也有點顧忌，感覺上特別沒有信心。倒是理解能力完全符合他的年齡表現，與爺爺說得一致。爺爺認為小羽雖很聰明卻不太願意說話，甚至講話如果太急的時候，會有點類似口吃，或是重複某些無意義的贅詞。

早療大幅降低未來的障礙

接下來的神經檢測證實，小羽的問題又稱為「兒童言語失用症」，這群孩子很有可能在中樞神經系統中，關於言語輸出的過程，特別是在言語的動作計畫上受到影響。

而直接造成這類干擾的原因有很多種，可能是先天也可能是後天的因素，但是表現的狀況都很接近，就是語言的理解能力一般雖正常，卻無法正確表達出自己的想法，也不容易模仿他人的語音或語句。

所幸經由治療師們半年多的努力，小羽進步雖慢卻漸漸有成效。同時值得慶幸的是，小羽在進國小讀書前，就已經發現這個問題並積極開始介入治療。比起一些相同狀況的孩子，往往直到國小生活適應不良時，才開始就醫尋求協助，如此將會經歷更長的「黑暗期」。小羽的奶奶實在是見微知著，不僅協助小羽度過吞嚥的困境，更大幅減少了未來學習障礙的可能性。

訓練吞嚥肌肉，間接讓孩子構音穩定，對身體發育也有助益！

舌繫帶很多時候是口咽部位問題的「代罪羔羊」，很多孩子剪完舌繫帶後，不但「臭乳呆」的問題沒有改善，反而更加懼怕看病（剪舌繫帶是一種不麻醉的醫療酷刑）！這部分在美國早期的研究皆已獲得證實。

對於口咽部位肌肉較偏弱的孩子，除了言語上較為遲緩，一般也有所謂的吞嚥問題。這群孩子在孩提時候，吃飯時特別慢，但並非分心造成，而是吞嚥都必須小小口，無法大快朵頤，也多挑食吃些較為軟嫩的食材。

長久以來的進食較差或食慾不好，自然相對瘦小，又因為吞嚥可能不小心會嗆到，增加吸入性肺炎的機率，以往的個案常讓人有種體弱多病的感覺。家長們甚至會誤會這樣的孩子口語表達差，是因為體力不好的因素造成。事實上，體力差是緣由之一，但另外一個成因則是口咽肌肉弱而無法正確構音。

語言治療師是這群孩子最佳諮詢者，無論吞嚥或是構音問題，皆是語言治療師的臨床重點業務。吞嚥的肌肉若能良好訓練，無論是增進營養、降低吸入性肺炎，或是間接讓孩子構音穩定，都可說是從源頭做起的解方。

自言自語，都沒在聽人說話

可能是 非語文學習困難①

接著再來看看一種特別的「非語文學習困難」，他們的主要問題發生在知覺和意象層次上，可能是右腦對於空間的功能感知異常所造成，同時影響兒童社會學業和成熟度，與日常生活技巧等學習。

■「視覺—空間—動作」有關係

這類的知覺障礙或損傷，最主要是其視覺空間分析和綜合能力，以及視覺—動作統整能力的缺陷，同時也可能有「視覺記憶力」和「視覺意向辨別」

的困難，或有「空間視覺再生能力」的不足，無法做視覺上的空間距離判斷。

而且因為其「視覺—空間—動作困難」，導致產生笨拙的行動，而形成不斷的挫折和消極情緒。他們無法分辨環境中的潛在危機，也比較不容易經由觀察和操作來學習。

由於無法經由自我探索或自我活動來學習，所以無法像一般孩子，能透過「物體操作」習得「視覺—空間—動作類化能力」；也沒辦法有效展現日常生活的技巧，也就比較少嘗試探索性和假裝性的遊戲，或是透過感覺動作，來探索、活動、學習等。

這樣的孩子對於因果關係的思考能力也較差，因而造成他們的「社會化」亦較不好。在「時間導向」與「空間定向」方面，他們經常有「時間導向」的不足，在空間方面和時間的判斷上，也比較常發生困難。

他們如果要學習音樂中的韻律與節奏，通常比較不容易，在唱遊課或舞蹈課的表現也不太行。至於在概念化或意向部分，「非語文學習困難兒童」的概念化問題，會顯現在進行圖片闡釋作業和推理作業上。他們有時無法藉觀察去進行抽象思考，有的具有「類化失常」，也就是有無法舉一反三的現象。至於語言符號化能力的不足，則可能影響其語言符號化的能力等。

在學習上，數學和書寫語文的學習困難是最明顯的。主因是「非語文學習困難兒童」的視知覺問題造成他們學習數學的困難，他們無法了解基本的數學關係，或有「數學推理」的缺陷，特別是無法正確地理解圖形，當然就不容易學習空間或幾何，有些甚至無法想像某些數字、字母或圖片的形狀。

對於身體意象、空間導向或視覺形象等的困難，會讓他們無法理解像是「兩者之間」、「前、後、左、右」等字詞，造成他們在閱讀測驗上，無法確認作者的觀點。即便他們構句能力正常，甚至詞彙量足夠，但經常在寫作上和口語溝通上使用過度正式的語文，無法依情境需要而調整內容與文意等。

■這跟自閉症不一樣

當然，最常與自閉症患者混淆的是，他們也有「社會知覺困難」，造成「非語文學習困難兒童」的社交能力不足，與人交往時的視線接觸不自然。有些「非語文學習困難兒童」講話速度太快，或是有些講話的聲音或笑聲太大，而有些則語調毫無變化，或不知道跟人家講話時要保持適當的距離。經常無法理解他人負面態度和反應，是因為他們無法理解他人的面部細部表情、肢體動作、語調表情和適當距離等的社交意義，更無法察覺別人的戲弄或譏諷，容易成為被集體霸凌的對象等。

在日常生活中，你一定常常聽到如下的對話：

「你到底有沒有在聽我說？」

「有啊！我真的不知道你為何發脾氣？」

「因為你從頭到尾都沒有聽我說啊！」

不知各位朋友可曾仔細思量，交談是用「聽」的嗎？

實際上，對話是「感受」的。超過一半的資訊，我們是從對方的非語文信息（如姿勢、動作等）得知，另外接近四成的部分，則是從音調高低而來。舉例來說：「很棒喔！」這句話，我相信你有能力「告知」對方表現超出預期，也有辦法「諷刺」對方，或是僅僅「平鋪直敘」形容對方總是很棒等。

至於話語內容交代的清晰度，頂多僅僅呈現7%左右的效果——是的，就這麼少（所以下次有人再這樣逼問，或許可以回答：「本來說話就不是用聽的啊！」）

我們平常之所以能夠順暢溝通，靠的就是我們對姿勢、動作、音調的感受而來。而某一類的孩子，他們這方面的感受力就是比較弱，小愛這女孩即是。

她不像自閉症

小愛第一次來到我的門診，是因為肺炎剛痊癒，媽媽忘記她出院回診的時間，所以臨時掛進我的夜診。

「醫師真抱歉，我女兒是黃醫師上週出院的病人，想回來看看是否還要繼續拿藥？」

「沒問題，我幫您檢查一下。」

我看著小愛，她似乎不大想理我，只是坐著發呆。我花了很多時間想引起她的注意，可能這個小二女孩覺得我很無聊，這讓我挺挫折的！由於一直與小愛沒有眼神接觸，所以我下意識地問了媽媽：「妹妹以前有過其他病史嗎？」

「醫師，這部分，嗯，該如何說呢……」

「沒關係，我只是觀察妹妹的互動。因為我也看神經認知相關的疾病，所以順便詢問，沒特別意思。」

「是這樣的，她以前幼兒園時經常自言自語，比較不跟其他同學玩。所以我三年前曾經帶她過去兒童心智門診，那裡的醫生說她疑似是『非典型自閉症』。不過她也不是一直這樣，在家裡跟她喜歡的爺爺，就有非常多的互動。所以在心智科追蹤了一陣子，醫生就沒要我們再回去。」

「好的，那除了這部分，上了小學後，學習上面有沒有特殊現象？」

「有的，但可能是她懶散吧！她常常跑來跟我說作業寫不完，我一直很好奇，明明作業沒有多少，怎麼老是拖拖拉拉。而且，她字跡非常潦草，老師跟我抱怨過很多次，說寫字十分不用心！」

「那跟同學相處還好嗎？」

「醫師，我覺得她好像沒什麼朋友，只有一個鄰居以前是同個幼兒園的，還算會跟她聊聊天。她有時也常抱怨，同學罵她『沒在聽別人說話』；老師也是，常常直接跟我說她很多事情都漫不經心，講了都沒用！」

「這樣啊！可是我看她也不像自閉症，不如由我順便排個腦部相關檢查確定一下！」

原因竟是外傷干擾右腦

隔週媽媽與小愛再度回到我診間，檢查結果讓人有點驚訝。小艾的腦部影像在右腦視覺路徑上，有些以往的舊傷痕跡。請媽媽認真回想，才記起來大約小愛八個月大的時候，他們發生過一次小車禍，當初妹妹頭部有些表面輕微皮肉傷，那時的斷層掃描也呈現腦部有點腫脹，只是後續追蹤並無大礙。

事實上，小愛是個典型的「非語文學習困難」個案，但並非所有案例皆有右腦區外傷這類明顯的病史。早期學者發現有一類的學習困難，經常伴隨社交困難，或是精細動作協調較差，例如書寫費時等，這些都是右腦功能被干擾所可能產生的現象。

與語文型學習困難不同，有些孩子甚至不會出現學習上的明顯異狀，少數則在早期可能被懷疑是自閉傾向。小愛雖然面對學習較為辛苦，但那時小愛媽媽同時也發現，小愛有著特殊的繪畫天分，反而因此有不被他人干擾的特質。

這就是上天巧妙的安排吧！讓我不禁想起，很多人都說藝術家或是科學家雖然很專注，卻不是很好相處呢！

兒童腦神經學博士這樣說

不易察覺他人情緒，必定不易受他人情緒干擾！

右腦的功能與空間方位等相關，許多右腦相關的疾患，都有「迷失」的問題。只要是視覺相關的功能，例如對人臉迷失（臉盲症）、情緒判斷迷失（白目）、地點迷失（路痴）等，生活中自然大大小小的狀況不斷。

外人不見得能包容這群孩子，但我們身為家人，一定要能同理。當他們說出「為何你們都知道 ××× 生氣了？」或「怎麼每次我都放錯位置呢？」時，不一定是故意挑釁，有可能是真的搞不清楚，因此不妨靜下心聆聽他的需求。

這樣的孩子在全家齊聚看影片或追劇時，也常是那個無法抓到戲中笑點的人。假使這種現象很明顯，我們可以在欣賞完戲劇後，跟他促膝長談。問問他哪個橋段他最迷惑，或是他認為的笑點、哭點在哪裡？也分享自己的想法給他。

別忘了，缺點就是優點，他們若不易察覺他人情緒，必定也不容易受干擾，這是一體兩面。只要未來接觸的專業不屬於「情緒勞動型」，相信也是能相當自在。至於學業的部分，端看右腦的受影響程度，這就因人而異了。

看不懂圖案，符號越多越會錯意

可能是 非語文學習困難②

非語文困難還有一個案例，是我家附近一間從我學生時期就開的老店「頭家」。那小小店鋪僅有四、五桌空間，若是寒冷的冬季，凜冽的風霜會輕易驅趕路上的人群，轉瞬塞滿這一丁點藏身之所。一代老闆早早就退休，而店家現在由二代的鈞哥負責，口味依舊傳統。

鈞哥與我年紀相仿，卻個性寡言；別看店面雖小，鈞哥接待客人們很有「規矩」，我也曾被他唸過！首先，無論鈞哥有多忙，即使是正在做外送餐點或備料，你都不可以「跨過」鈞哥眼前自己找位子，一定要等鈞哥「帶位」。鈞哥指定你的位子後，會回身遞送來一套免洗餐具與菜單，有趣的菜單上面第一行就是示範「填寫規則」，不按照規則填寫者，永遠等不到餐！

我鮮少看過鈞哥有笑意，一年四季，總是一張撲克臉，所以客人幾乎都是「乖巧」且「愛這一味」的常客。通常誤入這座「食物叢林」的新客人，都會落荒而逃！

某天我手上還有幾份考卷問答題沒改完，邊吃著我的宵夜，就隨手邊用紅筆在上面批註。鈞哥正好幫我送湯來，看了學生的考卷兩眼，隨口說：「你是老師喔！這題目難嗎？」

「不難，有讀應該都會寫一些，只是不容易完整呈現。」

他接著說：「以前我最不喜歡唸書了！老師也跟你一樣都說這不難，但我就是寫不完！而且最怕有圖示的內容，每次進行到這類課程，同學們跟老師都說什麼圖形幫助記憶，結果對我一點都沒效！」

■非語文學習困難的自救

鈞哥說這麼多，我倒是挺訝異，或許今天晚上客人少，外送也不多。倒是他描述的一些現象，激起我的「診斷慾」，趁著這個機會就多問了些細節：「怎麼說？圖形對一般人很自然啊！你是看不清楚圖形還是看不懂？」

「我視力很好耶！以前服兵役還是憲兵好嘛！我跟你說，你不覺得這些圖案，越看越亂。不要說圖了，我自己也不知道為什麼，明明我沒近視，但常會認錯或看錯東西。特別那種符號越多的，我經常都會錯意，從小到大的老師不明就裡，都罵我粗心！」

「那你數學怎麼樣？數學常常有符號，豈不更糟？」

門口的運將突然加入「戰局」：「他數學很爛啦！每次我吃麵，都看他找那些外送人員的錢找錯，有幾次聽不下去，我就會直接講答案！真的是拜託一下，數學那麼爛，很難做生意咧！」

鈞哥回嗆：「麥囉嗦揑，現在有用計算機補救了好不好！」他看了我兩眼後又說：「數學爛就爛，但是我很會背書，以前那些什麼《長恨歌》，我看幾次就記起來。只是我有時連看菜單都會恍神或看錯，才會龜毛地要你們填寫方法統一，減少我出餐錯誤。」

果然，視覺空間辨識與數學的能力差，因此特別需要SOP，也常把需要完成的事項分段簡化。情緒上不容易與他人親近，則是起因於對於面部表情動作的視覺辨識弱，造成錯誤的情緒解讀而可能引起誤會，所以用撲克臉偽裝成「難以親近」。語文記憶能力強，但常常僅「見樹不見林」，單字雖懂，卻不解長篇意境。這就是我們偶爾會遇見的學習困難分型中，所謂的「非語文學習困難」，鈞哥算是典型，也證實了學習困難的特質，不會因為脫離學習的場域而消失，反倒是成為生活的日常。

聽完我的解釋，鈞哥連忙追問：「那我還有救嗎？」，我笑著跟他揮揮手：「你不是早就自救了？我看你幫客人訂的『規則』，就是我們常常教這些小朋友的方式之一啊！」有時縈繞我心頭的，莫過於這群「獨特」的孩子或朋友們，上天給了我們種種挑戰，或許就是想在人類生活中增添更多調味料吧？

將資訊分解成可理解狀態，促進孩子的辨識！

非語文學習困難導因於右腦功能，容易產生空間感不穩定以及數學學習困難。前面章節曾提及數學困難個案，對傳統時鐘不易理解，這也是因為傳統時鐘的表示方法為空間的相對性。在現今科學定義中，空間感或是數感可算是一種「個人特質」，能藉由訓練改善的空間有限。聽到這裡，家長們是否感到很絕望呢？

但其實大家不用過度憂慮孩子的數學操作能力，現在即使數學能力穩定的一般人，也都習慣仰賴機器如計算機等，解答此類的運算問題。唯一受影響的就是小學生，剛開始學習運算時須獨立操作，這階段無論寫作業或是考試都很辛苦，但這階段通過後，反倒不太會是干擾生活的核心問題。

對於會影響生活的空間感，就只能見招拆招。一般空間感差的孩子，成長過程中會有些代償模式，例如運用特殊的註記等，將相當直觀的資訊分解成可理解狀態。建議師長也用這種方式引導，可以跟他們討論如何能有效辨識，一起腦力激盪，會讓孩子與家長更同心。

至於情緒上的挫折感，就比較需要抒發。對於他人可以直截了當看透或辨識情緒，而自己卻做不到時，就會某種程度喪失信心。因此父母偶爾也要讓他們說說，覺得哪些事不公平、幫助他們樂觀面對生活，保持好奇心並正常學習。

一耳聽不到也會影響視知覺？

可能是 單側聽損

在本章的尾聲，也同時給各位介紹一個特殊且令人容易忽略的狀況，那就是「單側聽損」，泛指一群僅有單邊聽力損傷的個案。耳朵是人體最特別的一種感官，在胚胎時期，媽媽們就會隔著肚皮跟我們說話，而媽媽們總是說孩子聽得到聲音！

的確，經由科學家證實，孩子在尚未出世前，就擁有接收聽覺刺激的能力，難怪爸爸們老是跟不上媽媽的腳步！孩子永遠跟媽媽比較親，那是因為媽媽們都「偷跑」了大半年，早就跟孩子「混熟」了！

聽覺不但最早開始，也最晚「離開」。無論是我們曾經麻醉的病人，或是有過瀕死經驗的患者，他們都不斷強調，縱使意識不清到已看不見了，仍可依稀聽到身旁人說話或物體的聲響！

耳朵是人們出生後第一年嬰幼兒期中，視覺尚未發展完成時，最主要接受外在刺激的感官，可見聽覺對於早期學習的重要性。

通常當視覺產生缺損或變化時，一般人總是很敏銳；然而對於聽覺，就不見得了。或許你也觀察到，周遭的長者或許會因視覺病變而去配戴老花眼鏡或開刀治療等，卻鮮少有人在聽力衰退時主動要求選配助聽器。這凸顯了聽覺雖重要，長期以來卻被人們忽視的狀況。尤其是聽覺損傷僅僅發生在單側時，一般人多半無法察覺，經常直到被檢測出後，才恍然大悟。

突發性的聽神經病變

曉祺是耳鼻喉科轉診過來的孩子，現在就讀北部某國中八年級，最喜歡的學科是數學，對各式各樣的數字都很感興趣，從小到大都會跟媽媽分享她又發現了哪些生活中的數字！除此之外，她也很熱愛運動，他們學校有個韻律體操的校隊，曉祺一直想爭取進體操隊，因為國小時也練過一陣子。只是媽媽一來不太放心，二來覺得女孩子練體操太辛苦，所以一進診間就跟我說起這事。

「曉祺媽媽，您的顧慮我理解，不過我覺得孩子如果願意追求夢想，何不讓她試試？」

一旁的曉祺急忙點點頭，「妳聽聽看，連醫生都說了！」

媽媽還是搖搖頭，「醫師，您好像沒完全考慮她的情況，吳醫師有跟您說吧？」

我稍微停頓了一下，翻閱吳醫師的轉診單，仔細一瞧診斷書上寫的「右側單側中度聽損」。

「曉祺是小二開始就在吳醫師那邊定期回診，一開始我們真的沒有察覺，也不知道何時開始的，那時候還一度懷疑是哪一次體操練習時，會不會就傷到了？就算不是，也常常青一塊紅一塊地回家！」

看著曉祺媽媽的臉龐，盡是愁容。「我口頭跟吳醫師聊過，她說比較像是突發性的聽神經病變，外傷的機率很小，媽媽您不要想太多。」

媽媽緊接著說：「很難不這麼想，我們在家都在爭執這個。我不希望她去練體操，因為她的右邊聽不清楚。有時候過馬路，她也會沒注意到對向來車，這真的很危險，才會想到說還是少練體育類的。」

「這部分我能理解。但如果教練好溝通，請他幫忙照顧曉祺，減少那些預期的危險，還是比起馬路上的危險小。另外媽媽，我聽說您不是只想問練體操的事？」

認錯字、寫錯字，一籌莫展！

於是媽媽開始娓娓道來，大概是從小學低年級開始，曉祺就比較容易認錯字和寫錯別字，那時也正巧發現她有時上課漫不經心，學校老師就建議曉祺去醫院接受檢查。心智科的醫師認為她的不專注尚可控制，卻意外在他科檢查視覺、聽覺的時候，發現她右側聽力較差，所以才開始長期在耳鼻喉科追蹤。

這幾年來的變化不大，也試著戴過單側助聽器，只是曉祺不喜歡。四年級時有一回掉在路上沒找回來，就沒再選配新的。媽媽一開始以為，如果是聽力造成的影響，的確會容易分心，語音辨識也比較差。只是慢慢進入中高年級，她的學習狀況完全沒有改善，簡直一籌莫展。尤其是她的錯別字特別多，老師也認為她無心學習，不知道這樣的情況能否改善？

我請曉祺再找時間來醫院做聽知覺與視知覺的相關測試，也在回診時跟媽媽解釋曉祺的狀況。根據語言治療師的報告，曉祺整體的語言能力不錯，應該是媽媽小學期間剛發現她聽損時，持續安排語言等相關治療的成效。

聽知覺部分，處理速度偏慢，這是聽覺部分直接造成的干擾。回溯曉祺剛小學入學時，拼音花了很多時間學習，直到中年級還容易拼錯，多少也跟這部分相關。至於視知覺，處理速度雖沒問題，然而其誘發的反應振幅較小。這一點我花了一些時間讓媽媽理解，為何視力正常卻有視知覺的影響？因為腦內的學習主要仰賴聽知覺跟視知覺這兩個不同的知覺系統，而這兩個系統在腦內不但合作，也具備連動性。

國外的一些臨床報導就曾發表，無論雙側或單側聽損的學生，很可能也會因視知覺處理異常而使學習成效下降，因此曉祺不是特例！寫錯字的源頭並非分心走神，更可能還是聽損造成。最終我們還是建議她戴回助聽器，也請學校的特教老師們協助，看看是否有其他學習策略，可以輔助她漸入佳境。至於她最在意體操呢？後來果真教練願意協助她，她雖然目前只是隨隊練習，未來還是可能成為正式隊員的！

兒童腦神經學博士這樣說

聽損的處置無優劣之分，推延治療才最是不利！

聽覺損傷有非常多因素，以下羅列一些常見但容易忽略的：

1. 聽損在不同階段會有不同的表現，而非所有的聽損個案都會說自己聽不清楚。學齡前的孩子可能會構音出問題，或者是不太理會周邊的人事物。中大班到低年級的孩子，則容易產生有聽沒有懂的現象；中高年級或是中學時發生聽損的孩子，才會跟家人抱怨自己聽不太清楚或聽不太到。

2. 某些聽覺損傷可能是家族遺傳，目前在台灣新生寶寶有種基因檢測，就是探索聽損基因的存在與否。這類的聽損有一部分甚至會因為服用了某些常用抗生素後，誘發其聽損進程加速，不可不慎。建議可在新生兒階段自費檢驗聽損基因，若家族遺傳證實有此變異，須定期檢測聽力預知早期聽力困難的發生。

3. 聽覺檢測異常時，根據醫師的臨床判斷，可能有數種不同的處置模式，如助聽器或是人工電子耳等，這些處置並無優劣之分，而是根據個案的需求找到最能幫助病人的方案。唯一要注意的是，推延治療絕對是不利的，這點從過往數據與經驗來看都可獲得證實，身為家長還是要有正確觀念。

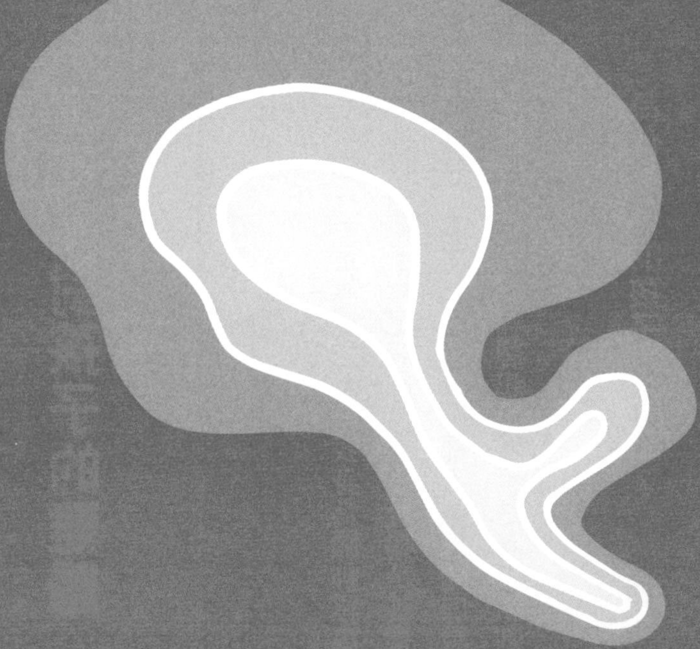

第 4 章

我的孩子也是案例

身為腦神經學博士的兒科醫生，
我的孩子在學習道路上也有他的難題與經歷，
從語言啟蒙到學習的支持，以及我們家的學習觀點，
以下是幾個我跟孩子的切身故事，分享給各位家長們參考。

沉著面對孩子的難題

多數人一定無法想像，我身為腦神經專科醫師，特別關注小朋友的腦部發展，那我的孩子肯定無風無浪，是嗎？其實我的孩子從小到大的確還算平順，但是直到二歲左右，他幾乎都不願意開口說話，而我自己又是所謂專門診治語言發展的兒科醫師，想起來豈不是有點諷刺。

■為什麼我的孩子不說話？

仔細地評估了孩子的相關狀況後，我發現他的聽力是正常的，應該很清楚地聽到了我們的日常談話。而且對於我們所下的指令，他不但能夠體會，也都能明確執行。所有的兒童發展前輩們都告訴我們，孩子們的語言，表達方式可能包含有情緒以及肢體動作等等，不是僅僅限制在口說語言而已。

我的孩子除了不太說話以外，似乎其他方式的表達能力都很正常。多數的專家在這樣的情況下都會建議，可以營造一個適合他學習口說語言的環境，另外就是要有一點耐心。畢竟孩子就像一個等待發芽的種子，絕對不可能澆水個幾天，就馬上看得到發芽，更不要說開花結果了！

但是各位家長們你們仔細回想，我們是不是經常處在一個很焦急的狀態呢？我常跟很多家長聊，是不是非得要贏在起跑點？那我們可以接受輸在終點嗎？這當然是一句玩笑話，每個人都知道，**起跑點跟終點只是片刻罷了，過程往往才最重要。**一旦家長陷入過度焦慮的情緒中，我們就會迫不及待地拿出那一種，巴不得揠苗助長的手段，強迫孩子們快速成長。

原來我也會沒耐心

我必須坦承，自己也非常沒耐心。對孩子的表現，如果落後太多，多少也會有一種恨鐵不成鋼的想法。回到我自己的孩子兩歲後的語言發展，一方面我相當焦急他總是淡定地不說話；一方面理性的我又告訴自己，我們已經完成了所有的評估，現在需要的就是耐心和給他機會。

這樣的天人交戰，我想很多的家長也都親身經歷過吧？無論是孩子的生理心理，或者是學習上的課業表現，我們常常以一種過來人的角度，試圖想要改變孩子學習的步調。問題是，這真的是最有幫助的方法嗎？

孩子的確是我們的骨肉，但是孩子並不是我們的一部分或延伸，他也是一個獨立的個體！既然是獨立的個體，無論是兄弟姊妹或者是父母親，都不見得有跟他一模一樣的內在條件，所以我們過往可以做到的，也並非一定能體現在我們的孩子身上。換個角度想想，他們也有青出於藍的機會啊！而當他們展現出不同的風貌時，我們有時候卻忘了鼓勵他們。

耐心和信心，我相信一般的家長都有，只是，那種求好心切的念頭，往往會掩蓋了一切，而讓我們不自覺的陷入一種困境。只要孩子不是如我們所願地前進，家長經常會覺得受挫，而不能接受其他各式的替代模式。這其實是一種不理性的選擇，那為何我們會習以為常呢？

因為我們將其包裝在愛的糖衣之下，把所謂的「我是對你好」這種說詞，將某種程度的情緒勒索，含藏在其中，而主因卻是缺乏充分溝通所導致。正確處置應當要能知己知彼，除了解我們自己對孩子的要求，別忘了我們對孩子的判斷是否過於武斷？執著在片面的訊息上，忽略了全面的審視，那這樣所做的判斷，就會過度輕率了，不是嗎？

對於孩子的語言發展，理性的我最後還是說服了自己，給孩子多一些機會，讓他更有信心地學習口說語言。果不其然，他在約莫接近三歲時，發現了語言的神奇魔力，就劈里啪啦地開始說出一大堆話，讓我好生驚訝！的確，保持耐心與信心，並且客觀地評估孩子的條件，是我們帶領孩子進入學習領域的一大挑戰。孩子呱呱墜地後，不過只是個起頭，真正挑戰從養育開始，之後才能赫然體會拉拔孩子的辛苦。

我也會誤會、誤罵

再來跟大家分享一個，有關「蛋糕」的故事。那是我跟我的孩子間的第一次誤會，時間發生在某個週末午後。孩子的媽媽因當天有其他要事，就剩我跟我的孩子在家，準備度過一段悠閒時光。我還記得那天在冰箱裡，有一份美味的草莓蛋糕，那是我家少爺最愛。

他那時大約四歲左右，正好午睡起來，就開始跟我撒嬌，嘰嘰咕咕地說了一堆話，先是問媽媽去了哪？然後又吵著要我跟他玩玩具。身為爸爸，相信各位家長們都有體驗過那「偽單親」的生活，總是覺得有點無助。好不容易從他的玩具堆中掙脫，我突然想起，孩子的媽交代我把剩下的衣服洗乾淨，當然最好是能順便晒一晒，並且幫家裡稍微清理一番。

正當我準備要好好來做點家事，我家那位少爺就開始嚷嚷，他說肚子有點餓了，媽媽下午都會給他準備點心，不知道今天有沒有？於是我想起了冰箱的那一塊草莓蛋糕。也罷，給他這份草莓蛋糕後，我就可以安心去後陽台完成我的家庭任務了！

我很親切地拿了小盤子與小叉子，服侍我們家少爺上座。告訴他，你在餐桌上好好吃你的草莓蛋糕，老爸可要到後面洗晒衣服了。他大力地點點頭，似乎對這一個下午茶點心感到相當滿意。

■ 一身的蛋糕、一桌的碎屑

那天午後的陽台滿是炙熱的陽光，我好不容易費了九牛二虎之力，終於完成了孩子的媽交代的任務，高聲哼著歌走回餐廳時，卻讓我瞧見了最為驚悚的一幕！我家孩子，竟然雙手抓著草莓蛋糕，把那鮮奶油跟蛋糕碎屑，塗得滿臉都是！更不要講，那慘不忍睹的衣物了，餐桌也到處都是食物的痕跡。

眼見孩子的媽就快要回來了，這既惱怒又令人感到無助的場景要是被她撞見，肯定認為我們父子倆就只會鬧事！而我明明做了這麼多，偏偏還要被錯怪！於是我大聲質問他：不是叫你好好吃蛋糕，你在這邊跟我玩食物？真是令人生氣！當然就免不了一頓罵。

我的孩子先是充滿著驚恐的眼神，然後哭得稀里嘩啦，在他放聲大哭時，我又急急忙忙地拽著他去洗澡。天啊！這慘案現場絕對不能被媽媽瞧見！即使是在幫他洗澡，我還是不能放下我的憤怒，繼續怒斥他為什麼要玩食物？

只見他不斷啜泣，約莫過了三分鐘，他才跟我吞吞吐吐地說：「爸爸，我記得你以前告訴我，如果食物裡面有頭髮，不是不能吃嗎？我一打開那個蛋糕，就有一根長長的頭髮，於是我就想要把他抓出來，抓著抓著，你就從後陽台回來了。然後你就很生氣，完全不想聽我說話，還把我罵了一頓！」

是爸爸搞錯了！

這個時候我實在無地自容，原來，這次是我真的錯了！我趕緊拉下臉跟他道歉，告訴他爸爸不是故意的，希望他能夠原諒！

這就是我印象中最深刻的蛋糕事件，或許我的孩子「大人有大量」，他彷彿早忘了這件事，但我仍然清晰記得。我想，有多少時候，我們都只是堅持著父母的角色，而不願意去聆聽、去試著想想，我們的孩子到底發生了什麼事？這是我們身為家長最容易犯的錯誤，總覺得自己吃的鹽比他們吃的米還多，或是我們過的橋比他們走的路還長。但仔細想想，就算我們經驗比較足夠，那我們就永遠不會犯錯嗎？

聆聽，是了解孩子們的第一步，如果沒有雙向的了解，哪來的機會可以引導孩子走向正途呢？不管孩子們的學習能力是優是劣，若我們想要跟孩子們真誠地交流溝通，相信我，好好聆聽永遠是第一步。

協助孩子發揮想像力

我一向珍惜跟孩子相處的時光，其中有一個非常重要的，就是在孩子小的時候，我會跟他說床邊故事。應該有不少的家長也會幫孩子們念床邊故事吧！而我的故事經常都是「獨一無二」的，為什麼呢？其實一開始是因為我有些偷懶，覺得在暗暗的房間裡，一邊看著書本念，還要一邊注意孩子是否睡著，這樣既傷眼力、又太辛苦。所以，我跟孩子說，我們來直接說故事吧！

瞎掰變成奇幻大師

相信從小到大，所有人一定聽過或看過各式各樣的故事，正所謂人生如戲、戲如人生，我們在人生中經歷的數十載，絕對有一些可歌可泣，不需要特別包裝，就能化成一篇篇生動的故事。我只不過把這些故事的主角，變成了小兔子、小山羊、小獅子或者是小猴子等等，滿足孩子對於故事中人物的接受度，那剩下的故事內容，就可以自我填充了。

說實在的，這一點都不難，而且在那種昏暗的光線之下，也不會有一種「濫編故事」的不安。我總是心裡想，反正也沒人看得到吧！就這樣，我在孩子小時候，每天跟他胡亂編故事！沒想到，他每天晚上都被我哄得一楞一楞的，還心滿意足地進入夢鄉。直到後來，我的故事越來越有創意，也越來越魔幻！似乎我就是一個奇幻故事作家，天馬行空地講述著各種各樣的自創神話，還真的越講越有心得呢！

而我的孩子，他也會不時地加入故事劇情的編纂，跟我說應該怎樣才更合理吧？我們父子倆，好似天天拿著自由的畫筆，在那昏暗的畫布上，完成了一段段奇異的篇章。後來我才發現，這是另類的創意驅動，每個晚上我們所完成的那一些想像力練習，不知不覺地，內化成為了他在學習上的創意動機，這還真的是始料未及的！

■ 贏在起跑點重要嗎？

我自始至終都相信，**無論是何種能力，都需要我們不懈地反覆練習，才能日益精進**。我甚至不知道，說故事也需要實戰演練。直到後來有一次，幼兒園的老師在我接孩子放學回家時，突然跟我說，你的孩子好有想像力，總是會自己想出一套故事，也樂於跟同學們分享！

那跟孩子說故事，除了有這樣的創意刺激以外，一般的家長，或許都會想知道，這樣是不是更能增進他的認知能力呢？

對於這一類所謂的「贏在起跑點」的說法，我真的並不是特別在意，我反而更加注意，有沒有機會可以藉由故事，在生活中機會教育呢？所以有時候我會去特別關注孩子近日發生的瑣碎事件，選擇其中比較有意義的情境，利用晚上的床邊故事，包裝成動物主角們之間的生活故事。內容包含有情緒管控啊，或者是所謂的價值判斷，甚至有些道德觀念等，都將這些材料融入其中。

我會試著讓他藉由聽故事的方式，在劇情發展的階段，讓他自己回答，面對相同或類似情境時，他會做出怎樣的判斷？因為孩子的學習，特別是在學齡前階段，不容易立刻有同理心的發展。因此我們可以藉由這樣子的模式，幫助他們融入生活中所謂應該面對的價值判斷等，當成所謂的「親子理念溝通」。

如果我們身為最熟悉的家人，彼此卻一直有無法溝通的理念，那就不妙了。一旦我們面臨到校園學習上的壓力時，就不一定能用相同的模式一起思考並共同解決問題。這樣一來，要讓孩子們被我們說服，採用我們一致認同的策略，就更加困難了！

這也是我特別在親子共讀裡面，發現到的一個瑰寶。如果孩子仍然年幼，就請爸媽盡量把握跟孩子一起說故事、讀故事的時間吧！

學一樣東西至少要三個月

我的孩子在約莫大班的時候，突然有一日跟我說，其他小朋友都學了英文，他也很想學。我很好奇地問他，英文看起來不簡單，你有把握嗎？他露出燦爛的笑容跟我答應說，應該沒問題。

接下來的幾天，我沒有立刻應允他，而是反覆提醒：只要下定決心要學東西，我們家的孩子一定要至少學上三個月，才能放棄！他總是默默地點點頭。

於是，我就找了附近幾家英文班，先讓他試聽看看。除了讓他認識環境與老師，也跟他說：一旦爸爸繳了錢，你就每個星期固定的時間，回來這裡上課，所以你的決定一定要很謹慎，否則以後我就不讓你上任何才藝班。去試聽的那幾回，我看得出他若有所思，雖然只是一個大班的孩子，但似乎很嚴肅地想做出他自己的選擇。

■動機與持續力要兼顧

於是第二週的某一天，他拉著我的手，跟我確認了想去的英文班，之後我就替他繳了一期的費用。我的孩子興趣很廣泛，我也認為學齡前的孩子，對所有新奇的事物，仍然保有探索的慾望。在之前的章節裡，曾反覆地說明學習需要動機，而興趣就是最原始的動機。

然而，學習不能僅僅只靠動機，如果只有動機而沒有持續力，或者是沒辦法藉由不斷的練習，取得精熟的程度，那麼就只不過是一種體驗過程罷了，稱不上真正的學習。當我們在學習的時候，特別是由完全陌生到可以熟練掌握的程度，往往是學習過程中最為掙扎，也最容易放棄的階段。

所以，**如果孩子養成了習慣，任何學習總是淺嘗輒止，從來都不想要藉由刻意練習，去反覆體會所學的內涵，就沒辦法真正有機會去享受每一個小小的**

學習成就。如此一來，無論學習什麼都無法真正的成功，自然會有種一事無成的挫折感，而進入惡性循環。到那時要再想導入正軌，就相對的困難許多。

孩子打從英文班開始，又陸陸續續地跟我說過各式各樣的才藝訓練，他都很想參加。他曾經上過打擊樂、鋼琴、圍棋、小提琴、舞蹈與繪畫等等不同的才藝班。這些課程跟英文班一樣，不但從來沒有一項是低於三個月的，不知不覺地，幾乎都學過一年半以上，甚至曾經在一週內排了三四種不同的課程。那時候我跟他商量，是否應該暫停學習某一個才藝班，他竟然搬出了「學東西不能半途而廢」的理論，讓我啞口無言！

■ 把火點燃還要添柴加溫

我觀察過他的學習型態，倒也不是天資聰慧，甚至有些才藝班還跌跌撞撞。我曾問起他的想法，他總是說：只要一直參與，有一天應該會更上手吧！這或許就是某種學習的熱情，讓我這個做父母的，有時候都不忍心打斷他。

孩子們所擁有的學習熱情，初期就像一顆容易熄滅的火苗。**我們除了將火**

點著，更要緊的是，怎樣將孩子的火苗慢慢添柴加溫，讓他們可以自然而然地沉浸於學習的過程之中，我們才有機會漸漸導入自主學習的常軌。

而這樣的模式，是可以複製的。尤其在前幾次投入學習後，要跟孩子們好好說明，學習一定有起伏跌宕，並非所有的學習都是美好且歡樂的！唯有我們在環境、人際互動、同儕交流中，維持自己的彈性，把學習當作一種適應的過程，掌握正確的適應步調，多數的學習就一點都不困擾了，不是嗎？

讓孩子理解一諾千金

各位家長，你知道嗎？只要從親子在買玩具的互動中，就能發現截然不同的教養模式。

先來說說我自己的吧，從小到大，我的孩子跟大家沒有分別，小男生嘛！總是會迷戀那些車子、軌道，或者是所謂的動力玩具！我家的小男生亦不例外。還記得有一次，我帶著他路過附近玩具店，他立刻露出一副巴望的眼神，用小手輕拉著我的褲腳，暗示著我要帶他走進那間玩具店。於是我跟他說：「我們進去看一下，但是，前幾個星期外婆來台北的時候，你已經拉著她去買了好幾台小車車了，所以，我們今天只能看看喔！」在店門外，我跟他約法三章，這次就是純粹欣賞，絕不可能帶任何玩具回家的。

■孩子站在玩具前越哭越大聲

玩具店中總是有著一群群的親子檔，不管是父子還是母女，看著大家總是被孩子半推半就的，走向收銀台。我相信大家一定也曾經歷，逛玩具店之前，無論我們跟孩子們如何約定，這次不再花錢消費，但往往事與願違。很多家長都說，孩子就站在他心愛的玩具之前，久久不肯離開，甚至大哭大鬧，又或者是梨花帶淚，看起來讓人好不心疼！所以，大多數的父母，總是以不忍心傷害孩子這個理由，跟孩子討價還價，最後，又搬了一堆玩具回家！

那我家的孩子難道就不哭鬧嗎？當然不可能！尤其在他所喜歡的那些口袋怪獸，又或者是那些模型汽車之前，他就是一個狂熱的小粉絲，絕不可能改變他對這些玩具的熱愛。早在我們踏進玩具店之前，我就有了心理準備。很多家長可能會說，最好的方法是繞路或者告訴自己的孩子，今天不許踏進玩具店！

我左思右想，自己還是喜歡那種大禹治水的模式，我們不斷防堵，孩子還是會日思夜想的，等到那一刻再度降臨，難保不會荷包大失血，所以我還是願意帶著孩子隨時踏進玩具店。

果不其然，那一天我的孩子就眼巴巴地看著一組模型車的套裝玩具，裡面不只有模型車，還有軌道、人物跟造景等。他實在太喜歡那一組玩具了！其他的地方他完全不停留，就在那裡駐足了將近十五分鐘，我怎麼拉都拉不走這個石化的雕像！

於是我開口問他，剛剛在門口我們不是已經說好了，今天不買玩具！你站在這裡就算看更長的時間，今天也不可能把這組玩具搬回家的。說著說著，他就開始哭了起來，而且還說只要不買那一組玩具，他就不回家了！接著越哭越大聲，把玩具店都當成自己家了！

■讓他抒發情緒沒關係

我倒是不以為意，也不會覺得丟臉或是要盡快息事寧人。我反而認為，孩子一開始的願望未能達成時，鐵定會有失落感，所以需要一小段的時間來情緒抒發。但是，等他傷心告一段落，我立馬開始跟他說明，縱使很難過，也不該忘記我們之前在門口的約定。

倘若我在進玩具店之前，跟你說今天會買玩具回家，那麼你一定會得到玩具的。反過來說，我們一開始就沒有這個選項，你自然不會得到任何玩具。絕不可能因為你在玩具店裡面傷心難過，就牽連影響到我們之間的約定。

那這是為了什麼？為的是讓孩子覺得，我們說話算話，這樣子的好習慣，絕對不會僅只在買玩具而已。例如，我也讓他設定一些生活目標，一旦他盡力完成時，可能就會有相對的獎勵。有時候是增加零用錢，或者是有更多的外出遊玩的機會，還是他可以選擇自己想要參與的活動等。這些獎勵，也絕對不會打折扣，因為我們之間說話算話。

■日常互動牽涉規範的重要性

那這樣的作為，跟學習有什麼關聯性呢？所有的孩子還有我們自己，極大多數都是好逸惡勞的動物，當有任何的破口，我們就會選擇對自己最有利、最輕鬆的方式。孩子們當然也不例外，所以，只有我們在一開始的時候對自己的承諾，慎重地堅守底線，孩子們才不會動不動跟我們討價還價。

也就是說，當他開始進入到學習的環境時，就會理解規範的重要性，也將懂得何謂「重然諾」，且只要**一旦下定決心去執行，就會義無反顧，而學習就是需要這股傻勁啊！**所以，日常生活中非常簡單的互動，往往是幫助孩子們設定規矩的好機會，這對孩子們無論是社會化的進程，或是適應校園生活，都將有莫大的幫助！

學習之歷程方為核心

有一回，孩子的圍棋老師跑來跟我商量，他發現我們家的小朋友，學圍棋的時候總是很認真，但是真正實戰的時候，又沒辦法利用上課時所學到的策略。所以看他下棋，總是令人心驚膽戰，老師在一旁觀戰，都覺得好多盤棋就差了那一手，而被對手逆轉勝。

孩子的圍棋老師真的很關心他，因為我記得那時，我的孩子已經連輸了三個月約七、八十場的對弈，老師怕因此而澆熄了他對圍棋的信心，最後就會放棄學圍棋了！所以希望我跟孩子好好聊聊，有沒覺得很失望，或者是還有任何殘存的求勝意志嗎？

■就算一直輸，有關係嗎？

於是，某一天圍棋課後，我在跟他坐公車回家的路途上，悄悄地問他：「你最近圍棋對弈似乎很慘烈，是嗎？」他聽了我突如其來的問題，剎時間有點愣住，並沒有立刻回應。我想了想，這也是人之常情吧？畢竟，戰績看起來不是很光采，或許也不想跟他人討論！

所以我也不勉強他立刻給我一個明確的答案。倒是過了五、六分鐘以後，他原本看著窗外的風景，突然卻把頭轉回來，緩緩地跟我說：「下圍棋的時候，只有輸贏兩種結果吧？如果我輸了，對手就會贏，那如果我贏了，對手應該就會輸吧！所以，輸贏一定會發生啊！輸跟贏之間，真的有那麼大的差距嗎？」

我對這突如其來的答案，彷彿當頭棒喝，這好像訴說著我們的生活般，學習就一定會有成果展現嗎？如同以前的師長常說，努力將會有結果，但結果一定是甜美的嗎？會不會是苦澀的呢？相當難說！然而，學習最重要的核心，並非那區區的成果而已，而是一個完整的歷練過程。

反觀我們自己，無論是面對自己的工作或生活，以及跟孩子們相處的時候，第一優先的幾乎都是評量的成果，那考高分就代表一切嗎？多數人聽到這個題目的時候，都自然而然地說，分數絕對不是一切。但當你真的面對的時，真有如此坦然的態度嗎？例如我們在工作上，也總是有人會抱怨，老闆沒有看出我的價值，我已經努力這麼久了耶！

過往的求學過程當中，經常被自己拿來說嘴的，往往都是那些曾經的輝煌，很少有人細細品嚐或回想，當初**在學習的過程當中，那種種的酸甜苦辣，才是整個學習的精髓所在**。而當我們引導孩子們的成長時，也不經意地將這樣的價值觀加諸在我們的孩子身上時，反觀他們，或許他們比我們還更能享受學習的樂趣。

■ 瓶頸不見得是自我設限的框架

那時在公車上，我反問孩子：「你在圍棋對弈時，如果輸了，你不會很失落嗎？」他只是笑笑跟我說：「一開始會啊，但是我還來不及想，老師就跟我說，可以換對手下下一盤了。所以，我就開始專心在下一盤棋了，一直到後來下課的時候，才發現輸得有點多！不過，反正下週還會繼續來圍棋班，再試試看或許就會贏了！」

那天的公車返家路程，我反而覺得自己有些成長，或者是喚起了我最初學習熱忱——就是想把東西學好的心吧！維持著這樣的熱情，持續地找出對策，將會有那麼一天，我們可以真正地掌握所學的技巧。或許，瓶頸永遠存在，可是這不該是自我的框架。

無人不喜歡甜美的果實，但並非眾人都會是贏家。學著欣賞曾努力、執著、持續的這個階段，即使在某一項技能上，我們無法完全掌握，卻可以秉持著同樣的精神，投身到下一個學習的過程。總有一天，我們會找到適合自己的所長，完成所謂的適才適性。這一點，也將是我們應該帶給孩子的。

誠實總是最好的對策

相信很多爸媽都會讓孩子參加學校的課後班，我們家也不例外，尤其是低年級的時候。現代許多小家庭都是父母雙薪上班族，不太可能在中午的時候出門接送孩子，因此學校課後班真的是一個良好的設計。

我自己的孩子非常喜歡畫畫，每次在課後班完成當日課業後，他就會怡然自得地開始作畫。交通工具是他最喜歡的主題之一，所以每次從課後班回來，我總是看到一疊又一疊他的小車車作品。但我心中很納悶的是，學校課後班的老師也太熱心了吧？怎麼能找這麼多的紙張，讓孩子們盡情作畫呢？

於是有一天我就問了他，這些紙，老師一天給你幾張？每個孩子都有嗎？

他吞吞吐吐地回答，這些紙張只有他跟另外一個小朋友才有，學校老師並沒有給所有的小朋友。我接著問他，是因為其他小朋友不喜歡畫畫嗎？他言詞閃爍地回答，他們也喜歡畫畫，只是老師不給他們紙張！

問到這裡我就覺得有點不可思議了，我們跟老師又非親非故，況且每天課後班的老師都會輪值，總不可能每天他都可以領到這麼多紙，而其他的小朋友都沒有。更可疑的是，他的好朋友也是每天拿到不少紙張。我警告他：最好將這件事情誠實交代，否則我就要直接聯絡導師。

你去偷拿畫紙？

接著他馬上一本正經地說，剛剛都是胡亂說的。其實，每天課後班的下課時間，他跟他的麻吉兩個人就會偷偷潛入教務處。那裡有一個裝白紙的櫃子，旁邊雖然坐著一位老師，卻從來不干涉他們拿白紙。所以他們就肆無忌憚，只要想畫畫的時候，就多拿一些紙張回來，反正都是學校的，不是嗎？

當下我非常生氣，告訴他一個重要的觀念，如果任何人跑到他的座位上，看他沒有阻攔，就隨便拿走鉛筆盒裡面的東西，這樣是對的嗎？他馬上回答我說，當然不可以，我又沒允許他拿，他憑什麼可以帶走我的東西？

接下來我跟他說，教務處的紙張，你們也沒有問過任何的老師，只是碰巧知道紙張放置的位置，就把紙張任意拿走，這就是所謂的偷竊。學校任何的紙張資產，都是老師們去採買，而非無中生有的，因此我們不可以隨便取用，更何況當事人都不知情。

所以我要求他與他的好朋友，第二天直接到教務處坦承犯行，如果他們沒有承認，我就會打電話給教務處的老師，告知他們這一切的行為。或許有些家長或是老師，對於我這樣的處置，認為有點小題大作了，但事實不然。這即是所謂的見微知著，一旦我們放任不管孩子微小的脫序行為，他們就會食髓知味。漸漸地，為了掩蓋某些脫序行為，也會開始撒謊，或者是越來越不在乎這些錯誤判斷。

況且所謂的細節或是規範，亦是學習中的要點。若是對於細節總是輕忽大意，就不能掌握學習的精要之處。甚至不尊重校園中的規範，慢慢地就會從學習的隊伍中落了隊。積重難返，這一定不是我們所樂見的。

助人與良善的心為本

我在孩子小時候，就跟他特別強調，助人為快樂之本，如果我們有機會，都應該學習與朋友們分享自己所擁有的。所以我的孩子，每當有機會與其他人相處的時候，總是會問自己在這個場合中，有沒有可以幫上忙的。

當然有時候，他也會鬧脾氣，不太想幫忙或有些不想分享的東西，畢竟只是個孩子，總是有一些情緒或無法割捨的。所以他有時也會問我，難道對任何人都要幫忙嗎？難道所有的東西我都要分享出去嗎？我最直接的回答就是，助人與分享是心甘情願的過程，如果你有一絲一毫的不情願，就不要勉強，這才是核心精神。

無論是助人或分享，都是要從內在真誠地散發出來，若僅止於表面功夫，給予者或是接受者都會明顯感受到不自在。想當然耳，我對於他的助人或是分享的鼓勵，也都是點到為止，不會勉強他必定要有作為。但我總會在他心甘情願完成後，適時地給予讚美，惟有如此，才能養成助人或是分享的習慣。

內心的滿足就是最好的回饋

這些自願的行為，一般不會有什麼回饋，頂多有種完成後的滿足感，另外更多的就是他人親切的微笑等等。即便如此，我家孩子總是認為這些簡單的回應，令他感到無比的滿足，還經常會跟我分享這一切。為他開心的是，他是發自內心地認同這樣的行為，而這漸漸也成為了他的習慣。只要出門，總見到他在各個角落穿梭，搶著在大人群中當小幫手。

我們想給他的教養內涵，就是希望他學會用一顆柔軟的心，去體會別人的需求；在別人有困難的時候，能及時伸出援手。畢竟，人類是無法離群索居的，唯有一個能夠互助合作的社會，才能進一步成為個人成長的基石。

我的孩子因有著樂於助人的心，所以時常有些熱心的長輩們，會主動教導他一些特殊的技能，而他也相當樂在其中，總覺得自己是個幸運兒，到什麼地方都有不同的人來教導他不同的事情！

有時我會提醒他，助人與分享從來都不是期盼有所得，就是因著無所求，即使再微小的回饋，對於我們都是一種驚喜。的確，助人與感恩的生活，可讓我們的生命溢滿時時刻刻的溫暖，讓我們的人生更加光彩。我也相信，所有的爸爸媽媽一定都會認同。

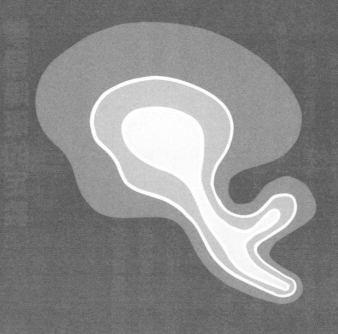

附錄

一：學習障礙的定義

二：學習障礙、閱讀障礙、書寫障礙的區別

三：特教生需要的鑑定安置

附錄一

學習障礙的定義

學習障礙的定義是：「學習障礙是種神經心理狀況，會干擾到個人儲存、處理或產生資訊的能力。它可能影響到個人閱讀、書寫、說話、拼字、計算數學、推理能力，也會影響到個人的注意、記憶、統整及社會技巧。」

美國二〇〇四年聯邦身心障礙者教育促進法（IDEA-2004）的定義：

特定學習障礙（specific learning disability）係指理解或運用口語或書面語言的基本心理歷程有一種或一種以上的異常，以致在聽、思考、說、閱讀、書寫、拼字或數學計算等顯現能力不足的現象。

這個詞包括知覺障礙、腦傷、輕微腦功能受損、讀寫障礙和發展性失語症等情形，但不包括視覺、聽覺、或動作障礙、智能障礙、情緒困擾，或環境、文化、經濟等所直接造成的學習問題。

診斷時須特別注意以下三點：

1. 個體在一項或一項以上的「基本心理歷程」上有異常。所謂的心理歷程，包含心理能力，諸如記憶、聽知覺、視知覺、口語語言和思考等。

2. 個體在聽、說、讀（認字和理解）、寫和算（計算和推理）上有學習困難。

3. 問題主要不是因為視覺或是聽覺障礙，也不是動作障礙、智能障礙、情緒困擾，更不是經濟、環境或文化不利等因素而直接造成的。

比對學習障礙在各個國家或研究單位的定義中，有幾項共通的元素：①神經心理因素；②認知處理因素；③學業和學習任務上的困難；④成就和潛能之間的差距；⑤排他因素。

這些因素類似一個金字塔，塔尖就是核心的神經心理因素（亦有學者認為內有更深層的基因等因素）。然後如同瀑布一般，往下延伸到認知處理（第二層）、學習行為（第三層），最後才發展出各式各樣的成就與行為（第四層）。排他的因素則是不包含在這個金字塔內，而是範圍外需要區隔的部分。

接下來我們逐步說明這些元素在診斷學習障礙過程的重要性。所謂的神經心理因素，乃導因於所有學習皆是在大腦內進行的，故學習障礙是根源自「中樞神經系統功能不健全」所造成的，而廣義的中樞神經系統則包含大腦和脊髓等。

在多數學習障礙個案上，神經心理的狀況有時很難由現今的醫學檢測加以偵測。因此，中樞神經系統功能缺陷可能是透過行為觀察來決定的。現今的神經科學和醫學研究報告指出，或可透過最新的功能性核磁共振影像（fMRI）等技術，進一步分析學習障礙的神經病理學機轉。

至於認知處理因素，則是指各種心理能力要素的發展不平均。所謂的心理能力並非單一能力，而是由多種基本心理能力所組成。對學習障礙個體來說，這些基本要素能力（例如理解、記憶、思考等）的發展可能是不平均的。也就是說，某些要素是成熟或穩定的，某些則是發展遲緩進而干擾學習成為問題所在。學習障礙學生或許在不同的心理歷程面向上，會顯現出不同的能力表現。

學習行為部分，學習障礙個案會有不同型式的學習問題。有些兒童可能在閱讀方面有障礙，有些兒童則可能在習得口語、算術、書寫表達或非語文學習等有障礙。而我國與他國的定義均列出了幾種特定的學業領域（聽、說、讀、寫、算等），可用來認定各類型的學習障礙。

為能確認學習障礙個案的成就和潛能之間的差距，就必須先：

1. 確定學生的學習潛能
2. 確定學生目前的學習成就水準
3. 確認學生學習潛能和現有的成就水準之間的差距程度

此類特教評鑑過程包括諸多項目，如使用智力測驗決定學生的學習潛能與標準的差距程度，以確認是否符合判定為學習障礙等。

■不易排除的智力因素

最後的排他定義，重點在強調學習障礙並非其他條件所造成的觀念，例如智能障礙、情緒困擾、視覺或聽覺障礙，以及文化、社會或經濟環境不利。

實務上，學習障礙定義的排他因素相當難實施，因為學障兒童經常表現出共病的問題。最常見的排他因素測試，同時是最多人討論的，就是智商測驗。嚴格上來說，學習障礙個案皆為智力正常，但智力測驗原先的設計目的並非為了篩檢出學障生。又因台灣目前各縣市的學習障礙鑑定，由各教育局自行擬定細則，於是就會發現各縣市認定的智力標準並非一致。

以學理上來說，通常「魏氏智力測驗」全量表智商70以下就屬於智能障礙；但智力正常則沒有明確定義，各縣市與各個學者專家的看法皆不一致。舉例來說：

- 金門縣教育局規定，全量表智商至少要85以上，84或更低就不符合。

●宜蘭縣教育局規定，全量表智商要大於或等於80，倘若低於80但有明顯內在差異，則處理速度分項除外，其他各分項指數中至少兩項須大於或等於85。

●屏東縣教育局規定，全量表智商85算正常，但若為71～84間且各分項指數間有顯著差異，也算符合。

●新北市教育局認定，只要全量表智商或某些分項達72以上，即可視為智力正常。

●苗栗縣教育局認定，基本上全量表智商70以上就算正常，亦即只要不是落入智能障礙者，就算是智力正常。彰化縣和台東縣教育局的定義亦是如此。

在這一系列的資訊上我們可以看出，學習障礙的學生一旦從智力商數相對寬鬆認定的縣市轉學到相對嚴格的縣市時，就可能面臨學習障礙身分無法維持的狀況。這點對於許多學習障礙生的家庭，的確也產生了部分困擾。

■是不是學習問題，要先排除這幾項

在學習障礙判斷準則中，有特別說明，學習的問題假設來自於文化不利或者是刺激不足，必須先予以釐清，才不至於誤判，這也是為何我通常較少對一年級上學期的學生進行學障鑑定。畢竟，這個時間點仍有許多外在干擾。還有一點容易被忽略的，就是文化不利或許來自於不同族群文化的差異性。

舉例來說，西方社會對於原住民受教權就投注相當的心力，按照某些關注弱勢文化的學者建議，就不只是尊重與推動弱勢族群規範，並應舉辦適應文化或維護文化的課程，另在課程中融入多元族群的特色，使少數族群學生能夠投入且不輕看自己的文化，降低對身分認同的威脅。十分慶幸地，台灣也有類似的模式，或許操作的方式仍須更加優化，但不可否認地，少數族群學生需要的不是考試加分，而是真正能夠學到正確的知識，並擁有平等受教權。

講到文化面，也讓人注意到，因為共通的文化，所以我們有很高程度的歸屬感，例如全世界的華人可以不慶祝聖誕節，但絕對不會忘記農曆新年！那教育也是相同的嗎？當然，若是人們無法在學習環境中獲得身分認同，例如，有些學生雖然會去學校上課，但不覺得自己是班上的一分子。這樣的學生因缺乏歸屬感，就會拒絕參與投入群體，出現焦慮、逃避問題等狀況。

還有一種是社會刻板印象造成的歸屬問題，例如某些人認為，沒有人可同時屬於「女人」和「數學好」這兩個群體。這類刻板印象與雖然事實不符，但這種社會壓力卻會影響女性對自己能力的信心。我自己就會去尋找不同案例，來駁斥這類錯誤的刻板印象。如以前述的論點反向舉例，居禮夫人就是一個明顯的案例，她不但是一位成功的女性科學家，而且還多次獲得諾貝爾獎，超越了許多男性科學家。她的專業領域，需要大量的數學公式推導以及良好的邏輯思考能力。當你熟知這樣的歷史人物故事，怎麼會輕易被「女生數學不好」這類的論述擊敗呢？

■ 醫學界與教育界應該聯手

許多人認為醫學界與教育界對學障的孩子持有不同的看法。

教育界著重於了解何種學習環境能幫助學障兒童學習，醫學界則認為問題出在兒童生理表現。

醫師想從兒童的中樞神經系統找出問題，特教老師則比較想了解孩童與學習環境互動的狀況。又教育學者對教學環境因素的重視，因此教育模式又稱為「生態模式」。這個詞彙說明了教育學者對學習障礙現象的看法，著重在「**兒童與學習環境的互動關係**」。

舉例來說，當問題發生時，教育者會尋求其他對兒童有利的指導方式，醫療人員則可能透過藥物來減輕學習缺陷。但是這樣的說法有些以偏概全，實際上對於學習障礙的研究，醫學界與教育界只是切入的角度不同。

傳統上，醫學強調的是從「病因」下手，這是西方醫學的核心，因此可想見醫學界如何看待學習障礙。想當然耳會以所謂的神經心理因素甚至更為細微的基因入手，運用各式各樣尖端的儀器，分析出在中樞神經系統中真正的病因所在。透過精準化診斷過程，方能對症下藥，也使人們普遍認為醫師的處置多鎖定在最後的處方，而忽略其實醫療端亦有各式療癒或復健的協助模式。

至於教育界看待學習障礙，我們必須先體認，教師們與學生幾乎是朝夕相處，而特殊教育的目的就是利用正確的引導，幫助有特殊需求的學生能回歸學習的常軌。這樣的目標設定會讓教師更聚焦在學障兒童的學習行為策略，及其可否在學習成就上提升。

學習障礙個案的協助，美國早在上個世紀就提出相應的對策，也同時納入醫學界與教育界雙軌的運作模式。這也相對合理，事實上由於醫學界與教育界可針對不同的面向提出處置，如能互相協助，對於學習障礙的個案本身，就是最佳的雙贏方案。

附錄二▼

學習障礙、閱讀障礙、書寫障礙的區別

根據研究，學習障礙的發生率約在3～5%，其中男性的比例大約是女性的四倍，且西方人略多於東方人。通常無論是哪一種學習障礙患者，他們的智力都必須是正常或正常以上，感官敏銳程度正常或經過矯治後正常，但學習成就低下，也就是潛在智能表現與實際學習效果有顯著的差距。

■哪些狀況算是學習障礙？

這些學習困境其實並不少見，說不定你我也都曾經有過這類特殊經驗，只是未必有辨識出來。這些狀況包含許多不同的表現方式，例如：注意力、記憶、聽覺理解、口語表達、基本閱讀技巧、閱讀理解、書寫數學運算、推理或知覺動作協調等，任一種能力表現有顯著困難。且經評估後，確定一般教育能提供的學習輔導，都沒辦法產生顯著成效時，才會被判斷為學習障礙。

注意到前段的說法嗎？學習障礙在判斷前，必須先經過一般教育所提供的「學習輔導」，在努力後成效不佳時方能成立。這是因為孩子的學習落差，如果是由於文化刺激不足，或是教學不當等環境因素所造成，那就不是本質上的學習障礙，也不應輕易認定他們有這類特質。相反地，應該消除這些環境或文化因素，才是真正的協助他們。

學習障礙不僅表現出「潛在智能」，與實際的「學習效果」的顯著差異，進一步觀察還發現，這些孩子可能有顯著的「內在能力差異」。

我曾經遇過一個孩子，他在數學的理解能力可說已經達到天才等級，小學生階段就能解國中的方程式或是複雜的三角函數應用。不過，他本人的國語文讀寫能力極差，如果數學應用題不讀給他聽，光靠中文理解，他完全無法進入解題程序。這一點連他的老師們都非常訝異，甚至認為孩子是故意不配合。幸好特教老師出面協助評估並證實，才讓這個特殊的孩子學習得以進入常軌。

為什麼會有學習障礙或學習困難？

學習障礙或學習困難到底是如何造成的呢？成因其實相當多樣性，可能是由於父母及家庭因素如早期發展經驗的剝奪，或是生物（基因遺傳、突變、病毒）、物理（外力、輻射線）、化學（藥物、食物、人工添加物）因素，以及神經生理方面的器質性（腦神經細胞受損、腦部組織受損、組織被破壞、變形、發展延遲、發展階段的變異、大腦腦葉病變、大腦功能偏側化、前庭功能失調）或功能性（內分泌異常、新陳代謝異常、神經傳導物質不平衡）問題，或是認知（視知覺、聽知覺、動作、注意、記憶、語言、推理）等問題。

我通常都跟家長說，學習障礙不是一種疾病，倒是比較接近「體質」。好比有身材高大的人，也有身材較矮小的，但我們不會說較高大或矮小的哪一個有病，只不過是這一個跟另一個不同而已，一般來說問題是根源於遺傳，也沒有根治方法，嚴重程度則因人而異。

學習障礙或困難既然不是典型疾病，當然也不能藉由藥物改善，但經由適當、有效的教育，學習障礙或學習困難者還是可以發揮其蘊藏在障礙下的潛力。雖然學習障礙或困難可能是終生羈絆，但會因為受到適當的教學調整而令他們學得更好。

■最易被誤會的書寫障礙

書寫障礙是校園裡最容易引起誤會的族群，他們在寫字和書面表達方面出現困難，書寫的表達包括詞彙、語句和文章的書寫。有書寫障礙的人，多半比較喜歡口語表達，因寫字和寫作有困難，文句不通暢。此類學生口語表達往往比書寫表達來得好。想當然耳，就不喜歡交作業，因此很容易被老師們認為故意偷懶。

他們寫字時也易犯左右上下顛倒（鏡影字、反轉字），且無法將筆劃的運作次序記憶下來，或是無法掌握筆劃的高低、長短。同音異字容易混淆、寫作業或抄寫要花長的時間；字體潦草、字體比例方面的錯誤多、字的大小和形狀也不規則（這部分與視動協調和肌肉控制的能力有關）。

在書寫時，可能會有語句過短，重複使用有限詞彙，缺乏組織或詞不達意等問題，寫字時經常出現多寫或漏寫的情況、無法以書寫方式作為溝通工具、無法將國字整個保存記憶，必須一筆劃一筆劃地描寫、默寫時常需要口頭提示、拼注音能力較國字能力強、容易手痠，常須中斷來休息、書寫時眼睛容易疲累、仿寫有困難等多種狀況。

■困擾許多人的閱讀障礙

至於最常見的閱讀障礙，是在認字或閱讀理解方面出現困難。有閱讀障礙的孩子經常認錯字或字義混淆，也無法區辨易混淆的字詞。認字、閱讀速度、對字音字型的記憶、對部件部首等元素的類化能力、字詞界線的劃分、默讀等，均較一般學生要差。且經過重複教導，仍未能認讀簡易字詞，我想如果你是家長，一定很有深切感觸，或許你也正為孩子這類的情形發愁！

這群孩子對於文字「符號」特別感到辨識困難，他們在閱讀時，時而緊張時而皺眉、坐立不安、咬指甲等，或甚至拒絕閱讀、經常跳字跳行，認字也有困難錯誤而省略或多增單字、發錯音、不合文法的順序互換，並容易理解錯誤，例如無法回答文章中文字表面問題、無法說出故事內容主題，或無法說出故事主題和隱含的教訓等。

其實閱讀障礙一點都不罕見，不少中外名人皆有此困擾。著名的大企業家洛克菲勒，他拿起聖經閱讀時都是結結巴巴的。台灣大名鼎鼎的創作型歌手蕭敬騰，能寫歌填曲，卻也深受「符號」辨識之苦。鐵血將軍巴頓就讀西點軍校時儘管有「閱讀障礙」，但因靠著恆心毅力，為當時女朋友阿特麗絲寫情書，最後終於成功抱得美人歸並成為最著名的騎兵團將領。

華語文環境裡，我們特別強調「符號辨識」的重要性。符號幾乎是閱讀的基礎，所有的文字部首、英文字母，甚至是數學都由符號組成，只要符號辨識產生問題，幾乎很難從容地學習。看起來再簡單不過的多元符號，卻把守著腦輸入資訊的大門！

對照台灣的教育相關法規，閱讀障礙應如何歸類呢？根據特殊教育法第三條第二項第八款，學習障礙：「係指因神經心理功能異常而顯現出注意、記憶、理解、推理、表達、知覺或知覺動作協調等能力有顯著問題，以致在聽、說、讀、寫、算等學習上有顯著困難者；其障礙並非因感官、智能、情緒等障礙因素或文化刺激不足、教學不當等環境因素所直接造成之結果。」」。

涉及閱讀的部分，會被歸類為「閱讀障礙」，那麼「讀寫障礙」是不是又是另外一種狀況，是包含讀和寫兩部分的問題？

需要澄清的是，「閱讀障礙」在學理上就等同於「讀寫障礙」。因為讀寫在外顯行為上很難分開，一旦出現閱讀障礙，在書寫方面的表現通常也會受影響，所以兩者通常一同出現。

■注意力不足也算是學習障礙嗎？

閱讀障礙與書寫障礙可說是十分常見的學習障礙亞型，但如細推學習障礙行為端的成因，又可發現仍有注意力、記憶力、理解力、推理或邏輯力、表達力與知覺動作協調等能力的問題起因。

其中，注意力應該是目前家長們最關注的議題之一。當孩子有注意力不集中的現象時，常常身不由己地尋求刺激來源加以反應，如不能持久地靜坐、坐著時總要搖擺雙腿、敲打鉛筆、搬動桌椅，不能集中注意於該做的功課，經常用鉛筆挖桌子、向同學作鬼臉、啃指甲、捲衣角或浮躁好動等。

另外有一批孩子會在上課期間無法集中精神，不能分別哪些訊息該注意，哪些訊息不必注意，即使是最細微瑣碎、毫無意義的刺激也會打斷學習。例如在教室裡做功課，很容易因隔鄰同學之任何動靜而分心，會受窗外的汽車聲所吸引，或被白日夢干擾等。

神經科學家在研究神經細胞早期，發現大腦中充斥許多不同的神經傳導物質，例如：多巴胺、血清胺、乙醯膽鹼等，這些化學物質無所不在，好似大腦泡在一缸五顏六色的調味料中。所以早期神經科學家，就展開了這類「心靈雞湯」的研究，藉由了解不同化學物質在這鍋湯裡的濃度高低，推測不同狀態下的大腦心智表現，是否與不同的化學物質相連結，而後逐漸理解這些物質在神經系統的定位。

近年來的科學研究發現，多巴胺與動作的調控（過動或注意力不足也是一種動作失調）相關，加州理工學院的 Anderson 教授也證實，當果蠅的蕈狀體（果蠅腦部主管記憶的區塊）中多巴胺濃度下降時，果蠅將出現學習問題。然而，當果蠅的中央複合體（果蠅腦部主管清醒度的區塊）中多巴胺濃度下降時，果蠅卻會出現過動傾向。真是奇妙的調控過程，卻讓我們明瞭，注意力不足不是單單一個現象就能詮釋，而是眾多現象的平衡狀態。

了解學習障礙與閱讀障礙和書寫障礙等亞型的範疇及影響，對於提供有效的教育支援與適切的環境調整非常重要。這些障礙或困難雖然會為親子帶來學習上的挑戰，但適當的介入和理解，可以顯著提升孩子的學習效果。我們對學習障礙或困難越是有真正的理解，越容易提供有效的支持，好讓每個孩子都能在他們的學習旅程中，得到成功和成就感。

附錄三▼

特教生需要的鑑定安置

很多家長都會問，常常聽到的鑑定安置是什麼呢？我的孩子遇到學習困難，學校說要安置，那是要被安置到哪裡去？

這其實是屬於特殊教育（特殊教育簡稱「特教」），是讓有特別需求的孩子學得更好的教育方法）系統內的一個制度，這個制度是為了有效協助有需要的學童——包含智能障礙、視覺障礙、聽覺障礙、語言障礙、肢體障礙、情緒行為障礙、學習障礙等孩子——而有所謂的「鑑定安置」流程。

在學前及學齡各個階段，如果是透過鑑定安置申請入學，可讓孩子獲得較為適合的教育安置，以及特殊教育等相關資源，讓老師們更加了解孩子的需求，提供較為適合的教育方法，提升孩子在學校的表現以及學習效率。

■鑑定安置的流程

一般來說，孩子們在學校適應及學習出狀況時，通常是由家長，或是導師、學校主動發覺學生疑似有學習困難。導師或特教老師們會先確認孩子是否有身障證明、診斷證明、評估報告書等。假使沒有的話，有時候老師們會請家長去醫院取得診斷證明或心理衡鑑報告。

導師的角色在這個流程的早期階段非常重要，一般來說，導師會一邊與家長聯繫並說明孩子的校內表現，一邊會與特教老師合作，提供孩子在班級上的行為與學習狀況，並協助校內特教／心評老師完成相關評估流程與報告。

之後，學校端會協助提供評估報告，至各縣市教育局的「鑑定輔導委員會」申請特教資源。委員會裡面的成員，通常是特教相關的教授學者、外部專家、資深特教或心評老師與家長代表等。

如果鑑定輔導委員會核定通過特教資源申請，孩子就符合「特教生」資格，接下來校內就會擬定「個別化教育計畫（IEP）」。這是為孩子專門做的學習計畫，裡面的內容經過會議討論後，家長端可以確定是否接受特教相關服務。這些服務可包含校內服務、巡迴輔導服務（例如：物理治療／職能治療／語言治療），以及相關支持服務等。

特教鑑定目的，是評估特殊需求兒童在就學階段之困難，及所需的特教相關服務。經各項特殊教育評估作業後，再依教育局鑑定輔導會議確認。其中，教育端與醫療端對身心障礙類別的定義是有些微差別的。

至於特教鑑定的時程，一旦確認孩子有需求，若要在入學後就取得相關服務，通常於入學前就可以開始準備各項申請文件。反之則是如上述，入學後由特教／心評老師評定後確認需求，之後依各縣市公布之時程提交鑑定安置報名表，並由心評老師評估且整理報告，接著安排參與各級縣市教育局的鑑定安置會議，以取得特教生資格。

家長們若曾參與過特教資格鑑定流程，應該會發現這個流程相當耗時，即使各階段老師們卯盡全力衝刺，仍需大約八～十個月，方能對孩子的未來特教教學計畫完全底定。

這一部分，可能需要家長們多些耐心，不管是從遵守法規面的角度來看，或是從學生的實質權益來看，此流程皆應力求完善。畢竟，孩子們的特殊需求須經嚴謹評估後，才能制定出相對應的學習方案，而非草率決定。

鑑定安置提供的學習資源

至於具體服務的項目，校內包含所謂的：

- 普通班融合型
- 資源班（學籍在普通班，部分時間抽離到資源班接受特殊教育課程）
- 特教班（學籍在特教班，依照學生能力部分時間回歸普通班，進行融合教育）
- 在家教育（重度障礙或重病者，經鑑輔會審核無法到校者，由巡迴老師或原校輔導教師到府施教）

而校外的部分，則有專業團隊協助孩子學習，如：

1. 巡迴特教老師：由特教背景之資深教師入校巡迴，針對孩子的弱項予以補強。
2. 專業治療師：每學期固定次數，由專業治療師（物理／職能／語言）入校觀察孩子，提供教師、家長建議及諮詢，解決孩子面臨的問題。
3. 教師助理員：針對有特殊需求的孩子，可以向各縣市教育局申請助理員，每週固定時間入班協助孩子日常生活自理。
4. 轉銜服務：在學齡各階段的轉換過程，由該階段的班級導師／特教老師先向下一個學習階段的老師提供孩子目前的狀況及能力，進行交接及討論，幫助孩子能更快適應新環境。

許多家長擔心，一旦孩子接受鑑定安置後，在入學前就會被貼上標籤。這樣的觀點是可以同理的，但換個角度來看，若是為了孩子更長遠的未來，盡快替他們準備充分的相關資源，協助他們在學習路程上接受適性且個人精準化的教育，才是更重要的！若因此錯過了學習的黃金時期，就再也無法重來一次了。另外，孩子不管接受哪一類的特教協助，每個學期學校特教老師與孩子及家長都可以好好討論，有沒有任何需要改變的地方，並給孩子最適合的安排。

國家圖書館出版品預行編目資料

爸媽別急，孩子只是慢慢學：兒童腦神經學博士啟動天賦的祕密 / 翁仕明作 . -- 初版 . -- 臺北市：三采文化股份有限公司，2024.11
面； 公分 . --（親子共學堂）
ISBN 978-626-358-479-2（平裝）

1.CST: 學習障礙 2.CST: 學習方法 3.CST: 親職教育

529.69 113011647

本書內容為作者多年臨床研究專業之呈現，但無法直接取代正規醫療機構或專家的通盤評鑑。如需進一步資訊，建議可至醫療院所（如小兒神經科或兒童心智科或復健科等）進行檢測。

◎圖片提供：
gentle studio / Shutterstock.com

suncolor 三采文化

親子共學堂 46

爸媽別急，孩子只是慢慢學

兒童腦神經學博士啟動天賦的祕密

作者｜翁仕明
編輯四部 總編輯｜王曉雯　主編｜黃迺淳　執行編輯｜杜雅婷
美術主編｜藍秀婷　封面設計｜李蕙雲　內頁編排｜陳佩君　插畫｜鄭盛謙　校對｜黃志誠
行銷協理｜張育珊　行銷企劃主任｜陳穎姿　書腰照片攝影｜蕭旭謙

發行人｜張輝明　總編輯長｜曾雅青　發行所｜三采文化股份有限公司
地址｜台北市內湖區瑞光路 513 巷 33 號 8 樓
傳訊｜TEL: (02) 8797-1234　FAX: (02) 8797-1688　網址｜www.suncolor.com.tw
郵政劃撥｜帳號：14319060　戶名：三采文化股份有限公司
初版發行｜2024 年 11 月 1 日 定價｜NT$450
3 刷｜2024 年 12 月 15 日

suncolor